足球体能训练丛书 1

足球有氧与无氧训练

〔丹麦〕延斯·邦斯博　著
曹晓东　谭进　史钟　译
中国足球协会　审定

人民体育出版社

图书在版编目（CIP）数据

足球有氧与无氧训练 /（丹）延斯·邦斯博（Jens Bangsbo）著；曹晓东，谭进，史钟译. -- 北京：人民体育出版社，2021

（足球体能训练丛书；1）

书名原文：Aerobic and Anaerobic Training in Soccer

ISBN 978-7-5009-5528-3

Ⅰ.①足… Ⅱ.①延…②曹…③谭…④史… Ⅲ.①足球运动—运动训练 Ⅳ.①G843.2

中国版本图书馆 CIP 数据核字（2019）第030832号

*

人民体育出版社出版发行
三河兴达印务有限公司印刷
新 华 书 店 经 销

*

710×1000　16 开本　14 印张　220 千字
2021 年 2 月第 1 版　　2021 年 2 月第 1 次印刷
印数：1—3,000 册

*

ISBN 978-7-5009-5528-3
定价：72.00 元

社址：北京市东城区体育馆路 8 号（天坛公园东门）
电话：67151482（发行部）　　邮编：100061
传真：67151483　　　　　　　邮购：67118491
网址：www.sportspublish.cn

（购买本社图书，如遇有缺损页可与邮购部联系）

编译委员会

策划：李飞宇

审定：中国足球协会

译者：曹晓东　谭　进　史　钟

审校：王景波

足球体能训练丛书序

体能是运动员竞技表现能力的重要基础。强化体能训练不仅可以提高运动员的身体素质，为能征善战奠定坚实基础，而且更能够锤炼运动员意志品质，锻造顽强拼搏、永不言败的优良作风。

中国足协已经注意到，科学地进行体能训练，是当今世界足球强队保持和提高竞争力的重要方法。过去我们的教练员培养体系存在较大短板，各级专业队伍的复合型保障团队建设滞后，很难实现训练的科学性，特别是体能训练在球队资源配置中还没有起到重要的基础性作用，专业的体能教练、康复人才以及队医等也都十分短缺。

长期"欠债"所造成的基础体能薄弱、专项体能不强的问题，制约着中国足球决胜赛场的能力提升和实力发挥。这既是巨大的挑战，也是努力的方向。我们必须快速地学习先进的理念和方法，必须依靠自己的能力才能在日益激烈的竞争中站住脚。所以，为了中国足球的成功，我们现在就要下决心、想办法提高自己全方位的竞争力，不能有短板。这就需要研究怎样提高球队的系统竞争力；研究怎样科学地实现技术、战术、体能和心理一体化训练；研究怎样更好地预防伤病和减少运动损伤，持续提升竞技能力并延长运动寿命；研究怎样利用大数据、人工智能、混合现实、生物技术等先进的科技来为足球赋能，通过科技帮助中国足球实现弯道超车。

足球竞技能力的提升是一个复杂系统。训练理念、训练知识要转化成教练员执教能力、球队收获训练成果，还需要一个转化过程，需要在实践中反复检验和快速迭代。我们的教练员都应该有开放、好奇的心态，努力成为一名足球领域的终身学习者，坚持做到知行合一。

这套丛书是一个工具套装，是亚足联C、B、A级和职业级教练员的培训指定教材。作者延斯·邦斯博和麦格尼·莫尔都是国际上享有声誉的运动与训练科学专家，他们通过这套丛书带来了当前国际足球体能训练、足球运动营养、足球运动生理学领域的先进理论和丰富实践经验的总结。中国足协推荐这套丛书的主要目的，就是要为各级教练员提升科学训练水平赋能，这样才能打造体能强健、技艺精湛、作风顽强、能打硬仗、为国争光的各级国家足球队，实现足球振兴的目标。

我相信，这套丛书将成为各级教练员必备的执教工具，广大的球员也将因此收获更卓越的竞技表现和更好的健康发展，正所谓"工欲善其事，必先利其器"。

体能筑基，科技强足。衷心祝愿大家学以致用，洋为中用，为中国足球培育更多的精英人才！

中国足球协会秘书长

2020年9月11日

序　言

我们通过2006年世界杯的比赛可以发现，现代足球运动对运动员提出了更高的体能要求。即使在水平相对较低的比赛中，运动员的体能对于足球比赛的质量同样也有非常大的影响。换言之，足球技战术不能与体能完全分开。因此，科学的训练已成为比赛良好表现的前提。

本书作者延斯·邦斯博（Jens Bangsbo）博士是足球体能训练领域的专家。他既是一位足球从业者，同时也是一位运动科学家。他不仅可以将体能训练理论以一种通俗的方式进行阐述，同时也可以为教练员提供实践指导。该书无论对于在校的学生，还是执教的教练员都是一本非常有价值的参考书。该书的独特之处在于，它不仅为读者提供了基本的理论知识，而且还结合训练实践进行实例说明。

延斯·邦斯博曾就职于尤文图斯俱乐部、丹麦足协、其他顶级俱乐部，以及欧足联和国际足联，在业界广受尊重。作为欧足联技术部主任，我非常欣赏延斯·邦斯博的工作能力，并乐意为大家推荐这本《足球有氧与无氧训练》。它将是我案头非常重要的参考书。

安迪·罗克斯伯勒
（Andy Roxburgh）
欧足联技术部主任

前 言

多年来，我传授过很多体能训练课，但之后却感觉其价值不大。一则是由于很多体能训练课与足球专项相关性有限，二则是由于运动员从训练课上获得的提高很快就又丢失了。对于足球体能训练来说，专项性和有效性是非常重要的，只有这样才能使运动员获得真正的足球体能，同时也可使教练员有更多的时间进行技术和战术训练。若想达到这样的效果，最好的方法是进行结合球的体能训练。通过这种运动员乐于接受的训练方法，我们可以在提高运动员体能水平的同时，发展他们的技战术能力。在我作为助理教练就职于尤文图斯俱乐部时，即开始明白了这种训练方法的重要性。对于那些每周只进行一两次训练的运动员来说，这种方法就显得尤其重要了。

我们可以通过科研手段来了解足球运动对于运动员的体能要求，以及运动员需要提高的方面。这些信息与教练员的实践经验相结合，就可以使其安排更合理的足球体能训练课。1994年，我在《足球体能训练——科学之路》一书中将这种方法作了介绍。而在同年出版的《足球运动与训练生理学》一书，则更关注相关基础理论的研究。我很高兴地发现，很多教练员对于《足球体能训练——科学之路》一书非常感兴趣，并被翻译成不同语言出版。这也促使我将此书修改，再编辑，充实新的内容（详见《青少年运动员发育与训练》一章）。

本书内容包含了教练员需要了解的体能方面的基本知识，其中有些内容与欧足联B级教练员培训教程相关。对于欧足联A级教练员来说，他们除了需要了解本书的知识外，还需要了解肌肉力量训练、肌肉耐力训练、柔韧训练、体能测试、运动营养等知识。有关这方面的内容将见诸于随后出版的《足球力量训练》《足球体能测试》和《足球运动营养学》等书中。我希望这些书籍将架起科学与实践之间的桥梁，并最终促进运动员体能水平和比赛质量的提高。

　　值本书出版之际，感谢与我共事过的教练员和运动员，特别是尤文图斯俱乐部、丹麦国家队的教练员和运动员，他们为大量的科学研究提供了无私的支持。此外，还要感谢与我共同进行科学研究的同事们。同时对于编辑本书的丹麦哥本哈根大学运动与锻炼科学系的伊尔瓦·赫尔斯滕（Ylva Hellsten）表示感谢。

　　足球不是科学——但是科学可以促进足球水平的提高！

延斯·邦斯博
Jens Bangsbo
2006年10月

目 录

引言 …………………………………………………………（1）

1. 体能训练的特点 …………………………………………（2）

能量的生成 ……………………………………………（2）

比赛的要求 ……………………………………………（10）

体能训练的类型 ………………………………………（12）

训练方法 ………………………………………………（18）

个别训练 ………………………………………………（19）

女运动员的训练 ………………………………………（22）

总结 ……………………………………………………（23）

2. 青少年运动员的发育与训练 ……………………………（25）

青少年运动员的生长发育 ……………………………（25）

青少年运动员的训练 …………………………………（36）

总结 ……………………………………………………（43）

3. 热身和恢复训练 …………………………………………（45）

热身 ……………………………………………………（45）

恢复训练 ………………………………………………（61）

总结 ……………………………………………………（66）

4. 训练课组织 …………………………………………（67）

　　什么是心率……………………………………………（67）
　　如何检测心率…………………………………………（68）
　　训练强度和心率………………………………………（70）
　　监测心率的目的………………………………………（72）
　　监测心率的时机………………………………………（74）
　　训练计划………………………………………………（74）
　　总结……………………………………………………（78）

5. 有氧训练……………………………………………（79）

　　有氧训练的目的………………………………………（79）
　　有氧训练的作用………………………………………（79）
　　有氧训练分类…………………………………………（80）
　　有氧低强度训练………………………………………（81）
　　足球专项有氧低强度训练……………………………（81）
　　有氧低强度训练方法…………………………………（83）
　　有氧中强度训练………………………………………（88）
　　足球专项有氧中强度训练……………………………（88）
　　有氧中强度训练方法…………………………………（90）
　　有氧高强度训练………………………………………（96）
　　足球专项有氧高强度训练……………………………（96）
　　有氧高强度训练方法…………………………………（103）
　　总结……………………………………………………（126）

6. 无氧训练 …………………………………………（127）

   无氧训练的目的 ……………………………………（127）

   无氧训练的作用 ……………………………………（127）

   无氧训练分类 ………………………………………（128）

   速度训练 ……………………………………………（128）

   足球专项速度训练 …………………………………（129）

   速度训练方法 ………………………………………（131）

   速度耐力训练 ………………………………………（140）

   足球专项无氧能力训练 ……………………………（140）

   速度耐力训练方法 …………………………………（145）

   总结 …………………………………………………（162）

7. 训练计划 …………………………………………（163）

   准备期 ………………………………………………（164）

   赛季中 ………………………………………………（178）

   间歇期 ………………………………………………（182）

   减量训练期 …………………………………………（187）

   赛会制比赛的准备 …………………………………（190）

   总结 …………………………………………………（194）

专有名词中英文对照 …………………………………（196）

参考文献与推荐阅读 …………………………………（199）

引　言

每一位关注足球比赛的人都会认为，足球是一项对体能要求非常高的运动项目。但是，运动员如何应对这一生理要求？运动员如何准备一场比赛？近年来，大量的科学研究成果为我们提供了与此类问题相关的信息。本书为读者提供了大量的科学研究成果和实践经验，旨在使大家更加理解体能训练的相关基本原则。

为了使运动员在比赛中保持良好的体能状态，保证技战术质量，他们需要具备高水平的体能。定期进行比赛可以保持运动员的体能水平，但是他们仍需要进行其他的训练。就训练本身而言，教练员除应该安排足球专项训练外，还应该安排结合球的练习。这样的训练不仅可以保证其针对性，同时也可以提高运动员的训练动机。此外，通过这种方式还可以高效地利用训练时间。

在本书的前4章中，作者将阐述体能训练的基本原则，并讨论如何组织训练。其中所涉及的对象包括各种类型运动员——业余运动员（每周仅进行少量训练）和职业运动员。我们也专门讨论青少年足球运动员的训练。在进行体能训练时，教练员要考虑运动员的体能基础、运动员的专项能力等因素。为了能够促进运动员的全面提高，教练员应该将体能训练与整体训练计划有机地衔接。

在之后的章节中，作者讨论了有氧训练和无氧训练。读者应该对这两个词汇非常熟悉，但是传统上这个词汇一般只是为了区别不同的训练形式。在本书相关章节中，作者提供了大量的训练方式以说明训练原则。从全年体能训练来看，在不同时期应该强调体能的不同方面。本书"训练计划"一章中，讨论了全年及每周体能训练的安排。

本书的目的是帮助读者理解并应用体能训练原则。结合个人的专业经验，本书将有助于完善您的训练课，为运动员提供切实的帮助。

1. 体能训练的特点

体能训练，可以帮助运动员达到体力方面的需要和保障比赛中技术能力的发挥。年满14周岁以上任何技术水平的运动员，都能够从体能训练中获益。

本章节将概括足球体能训练的基本类型，目的是使读者对体能训练原则有一个基本的了解。我们先简要地谈一下足球运动中能量的产生和输送过程，同时回顾足球运动所需要的身体素质，因为这是足球体能训练的基础。

能量的生成

能量是肌肉工作之必需。能量可以在有氧或无氧的情况下生成。两种能量系统如下所述。

有氧情况下的能量生成（有氧练习）

当人体吸气摄入约21%的氧气（O_2）进入肺部时，部分氧气通过肺进入血液，然后通过血液运输到全身的肌肉组织和不同的器官。体内担任运输氧功能的部分是肺、心脏、血管和血液（图1-1）。右半心将含氧量低的血液输送到肺，以补充新鲜的氧气。完成氧补充的血液流回到左半心。心肌收缩（心脏搏动），血液被挤压进入血管，通过血管运输到全身组织。血液流到肌肉组织进入微血管（毛细血管），血液中的部分氧气和营养物质，如碳水化合物和脂肪释放出来被肌纤维所利用。

在肌肉内，营养物质在有氧气存在的条件下进行化学分解，释放能量（图1-2）。因为有氧气的存在，这个过程定义为有氧供能。这个供能过程的副产品是生成二氧化碳（CO_2），二氧化碳经过血液运输到肺，在呼气的过程中通过呼吸道排出体外（参见呼气，图1-1）。

1. 体能训练的特点

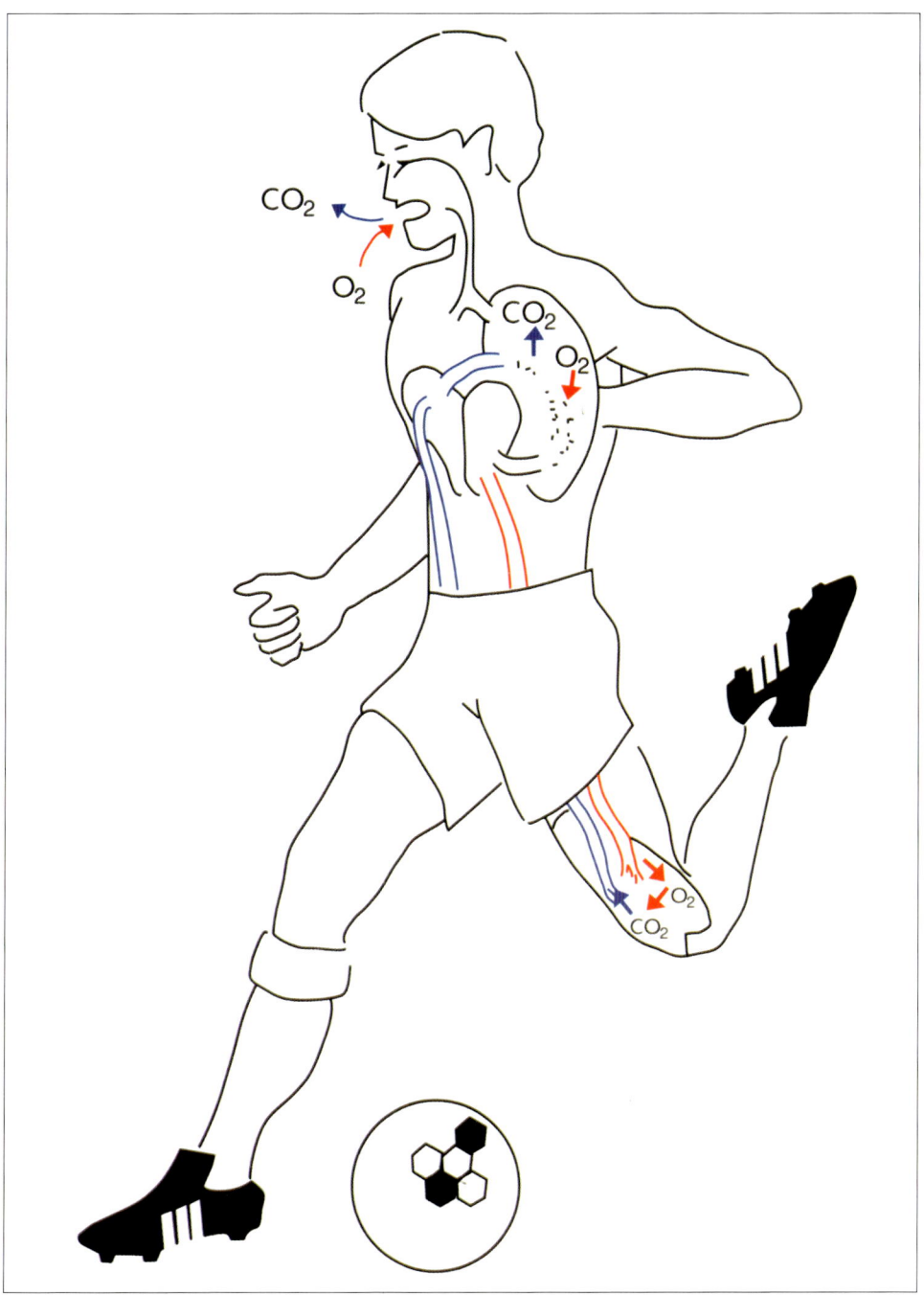

图1-1

图示表明空气中的氧（O_2）是怎样运输到肌肉组织的过程。吸气时，含氧的空气通过口腔、气管到肺内，再进入到血液。当心脏搏动时，携带氧的血液流到肌肉组织。肌肉利用氧生成能量，副产品二氧化碳（CO_2）再经血液的运输回到肺，经过呼气过程排出体外。

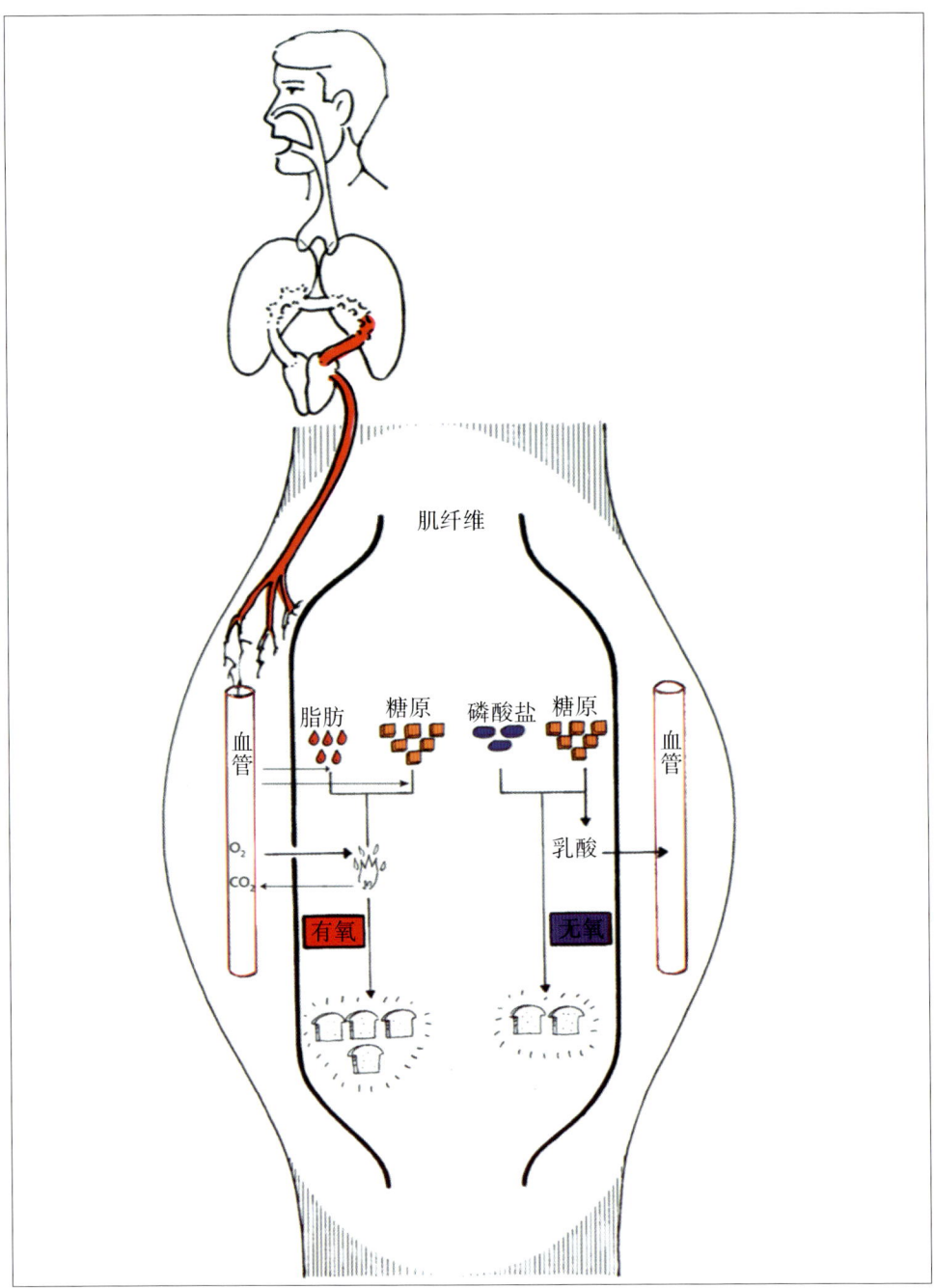

图1-2

图示表明肌肉组织怎样通过有氧和无氧过程生成能量。有氧供能，脂肪和碳水化合物（糖原）在有氧的情况下分解供能。无氧供能，储存在肌肉内的高能磷酸盐分解，或利用碳水化合物（糖原）分解并生成乳酸，这些过程均在无氧的情况下完成。

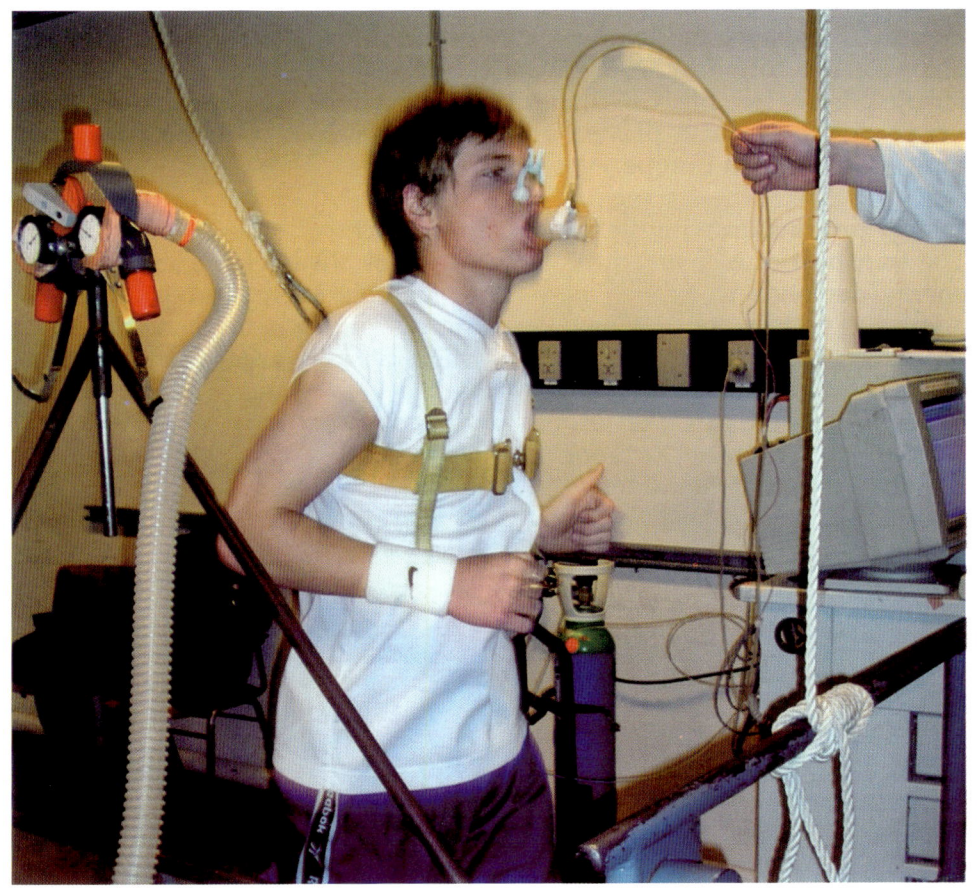

运动员在电动跑台上跑步到力竭,在此过程中收集呼出气体来测定最大摄氧量。通气量及气体中氧和二氧化碳的含量也得到测定。

机体每分钟能够利用的氧叫摄氧量。静息时的耗氧量约为0.3 L/min。练习时摄氧量高于静息状态,并随运动强度的提高而增加。氧的运输和利用能力是有限的。机体每分钟所能利用的最大氧量称为最大摄氧量。就健康者而言,最大摄氧量在2~7 L/min。机体要有更多的能量,就需要更多的氧。对不同体形的人进行比较,最大摄氧量值与体重的大小呈现相关性。以此为依据,一位80公斤体重的人最大摄氧量绝对值为4 L/min,他能够得到氧的相对值为50 ml/(kg·min)。另一位具有最大摄氧量绝对值相同的人,但体重只有60公斤,他的最大摄氧量相对值为67 ml/(kg·min)。

图1-3表明，丹麦不同位置上顶级男（图1-3A）女（图1-3B）运动员的平均和最大摄氧量差异。丹麦运动员最大摄氧量与欧洲其他顶级运动员的测试结果类似。

无氧情况下的能量生成（无氧练习）

运输氧到肌肉进行的有氧供能过程，不足以完全保障能量的生成。特别是在练习开始阶段和高强度的练习时，需要能量的状态发生着迅速的变化。在这种情况下，肌肉生成能量的过程不需要氧的存在，我们称此为无氧供能过程。

肌肉内少量的能量储备（高能磷酸盐），能够在无氧状态下迅速生成能量（参见图1-2）。另外，人体还可以通过碳水化合物（糖原）的无氧酵解提供很大一部分能量，同时体内产生乳酸类物质。持续高强度运动几秒钟以上，就会产生大量的乳酸。

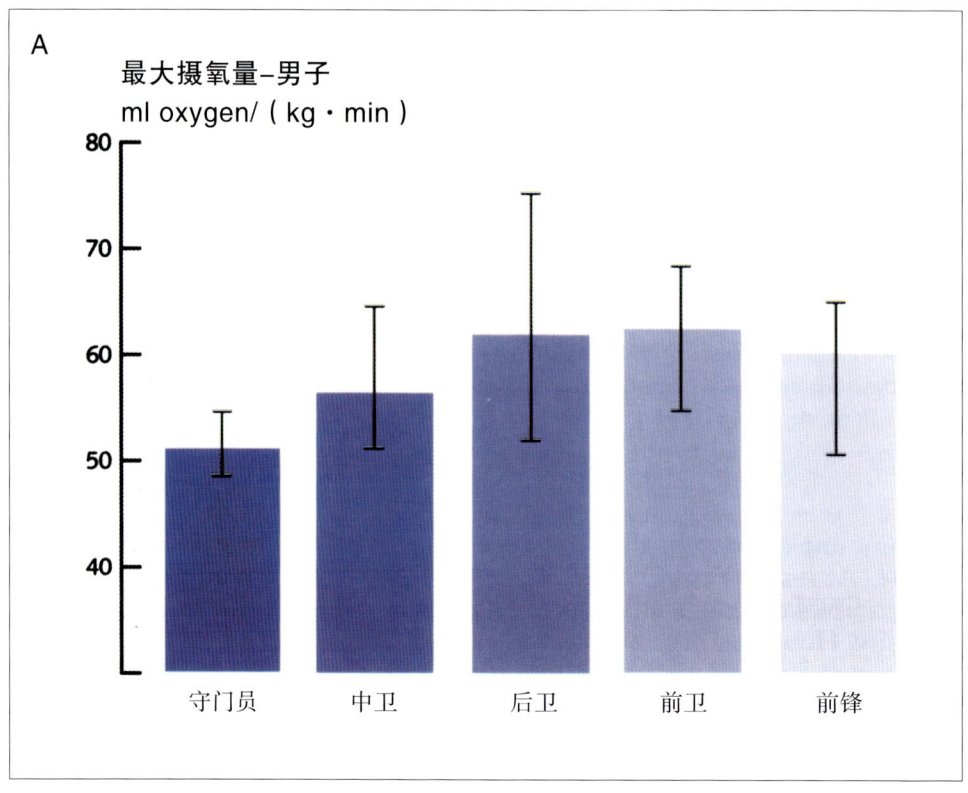

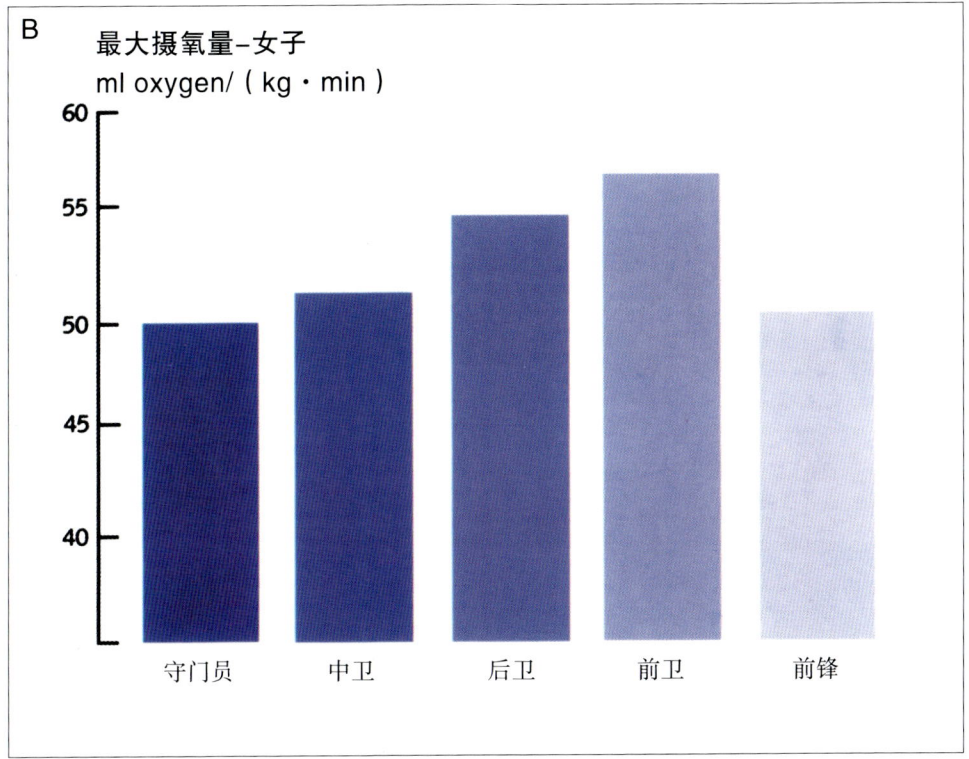

图1-3

图示表明不同位置上丹麦顶级运动员，包括82名男子（A）和20名女子（B），平均最大摄氧量及变化范围，摄氧量（相对值）以ml/（kg·min）代表为单位。男女足球运动员最大摄氧量明显高于无训练的个体，但和优秀耐力项目运动员，如长跑选手比较，却处于相对较低水平。男女选手的最大摄氧量值分别为85 ml/（kg·min）和75 ml/（kg·min）。

  肌肉内一些积极工作的乳酸进入血液，而积聚在肌肉中的剩余部分在有氧的情况下，可以成为生成能量的燃料物质（图1-4）。随着运动强度的加剧，乳酸的产生即会增多，肌肉和血液中的乳酸浓度也会增加。从肌肉进入血液的乳酸，随着血液运输抵达心脏。在此，来自肌肉释放的乳酸浓度高的血液和来自身体其他部分乳酸浓度较低的血液混合在一起。所以搏出心脏血液的乳酸浓度，应该低于从肌肉积极工作直接回流到心脏血液中的乳酸浓度。心脏收缩推动血液流向全身各处，或许可以测定来自上肢，甚至下肢肌肉工作时血液中升高的乳酸浓度。但是，来自上肢或者指尖部位血液中的乳酸浓度仅仅代表产生乳酸的一部分，因为血液中的乳酸浓度已经部分稀释了，还有剩余部分留在肌肉内，成为肌肉和其他组织工作时生成能量的燃料物质（图1-4）。

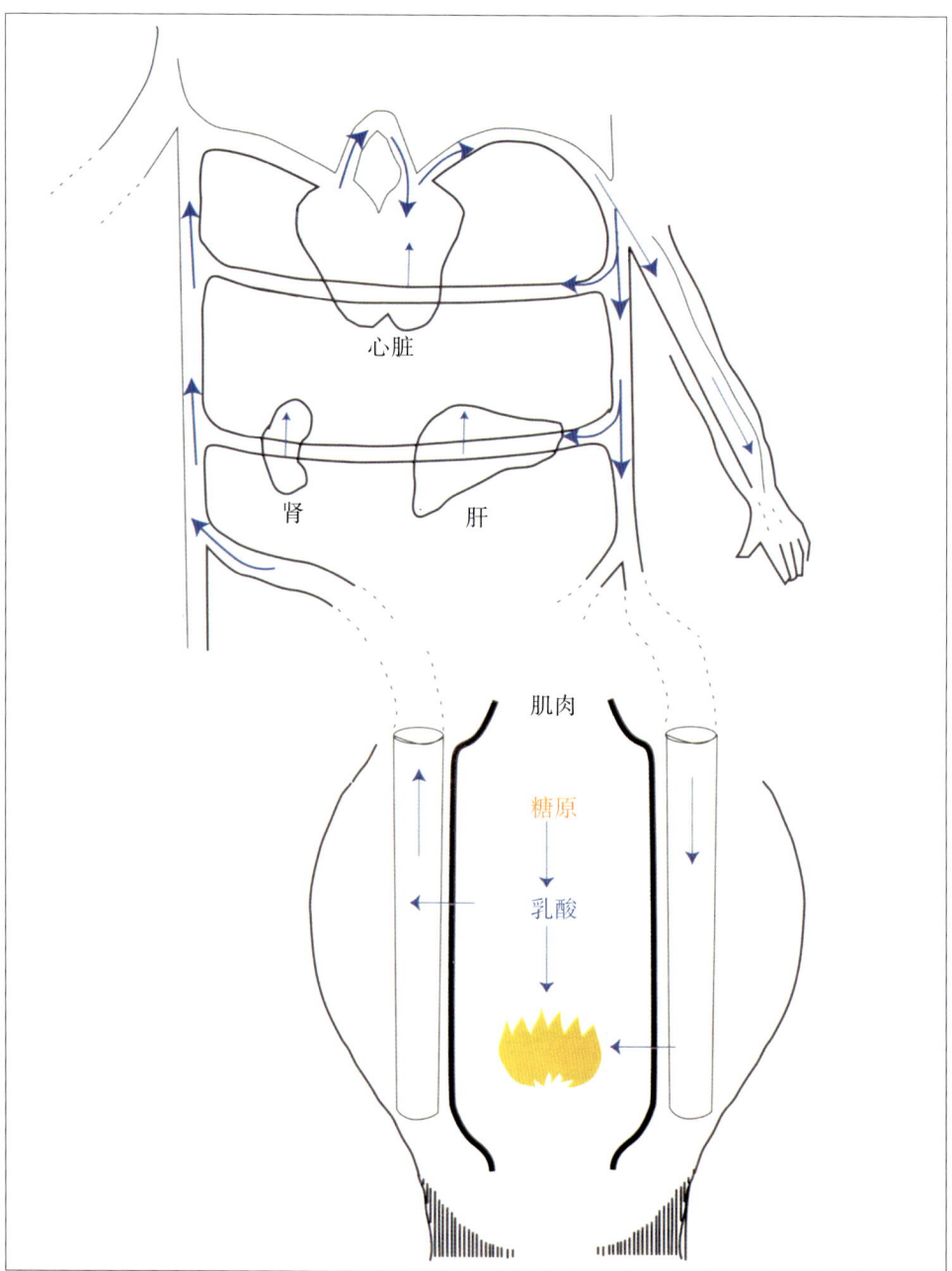

图1-4

图示表明肌肉中的乳酸去向。肌肉内部分残留的乳酸，积聚或游离成为有氧供能的物质。释放进入血液中的乳酸被运输到心脏，然后随血液循环到全身各处不同的组织，如心脏、肝脏和肾脏，乳酸被吸收。少部分的乳酸被运输到上肢。所以，即使进行下肢运动，抽取上肢血样检查乳酸浓度的可能性也是存在的。

1. 体能训练的特点

在高强度的比赛中会产生大量的乳酸。

比赛的要求

足球是对体能有要求的项目。观察发现,顶级男子足球运动员一场比赛中移动距离约为11公里,并有1300次左右动作强度的变化过程(图1-5)。然而,运动员在一场比赛中控制球的时间只有几分钟。

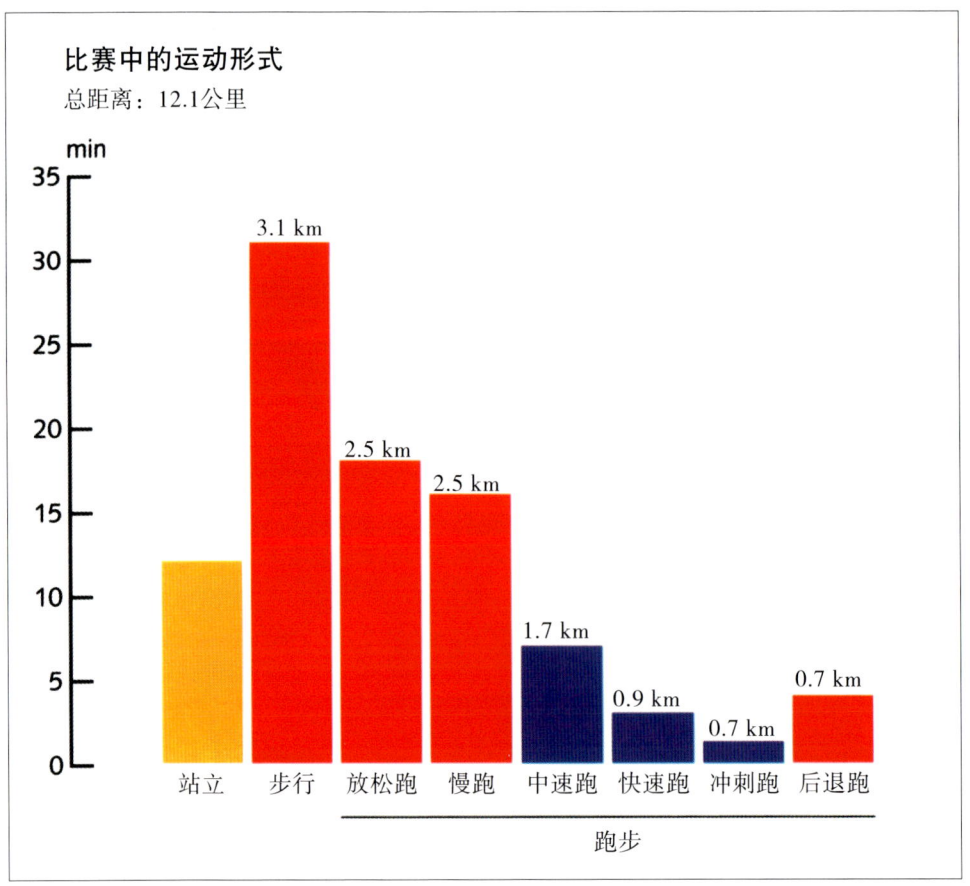

图1-5

图示表明法国顶级中场队员一场比赛中的运动情况。以分钟和距离(公里)表示不同的运动方式。例如,中速跑7分钟,对应的数字是1.7公里(7分钟×15公里/小时)。

有氧供能是比赛中的主要方式。这即显现出比赛中相对较高的心率水平（图1-6）。心率和体温测试结果表明，顶级球员比赛时平均强度约是最大摄氧量的70%。如此大的强度，要保持90分钟，这对氧的运输系统和肌肉耐力都有很高的要求。

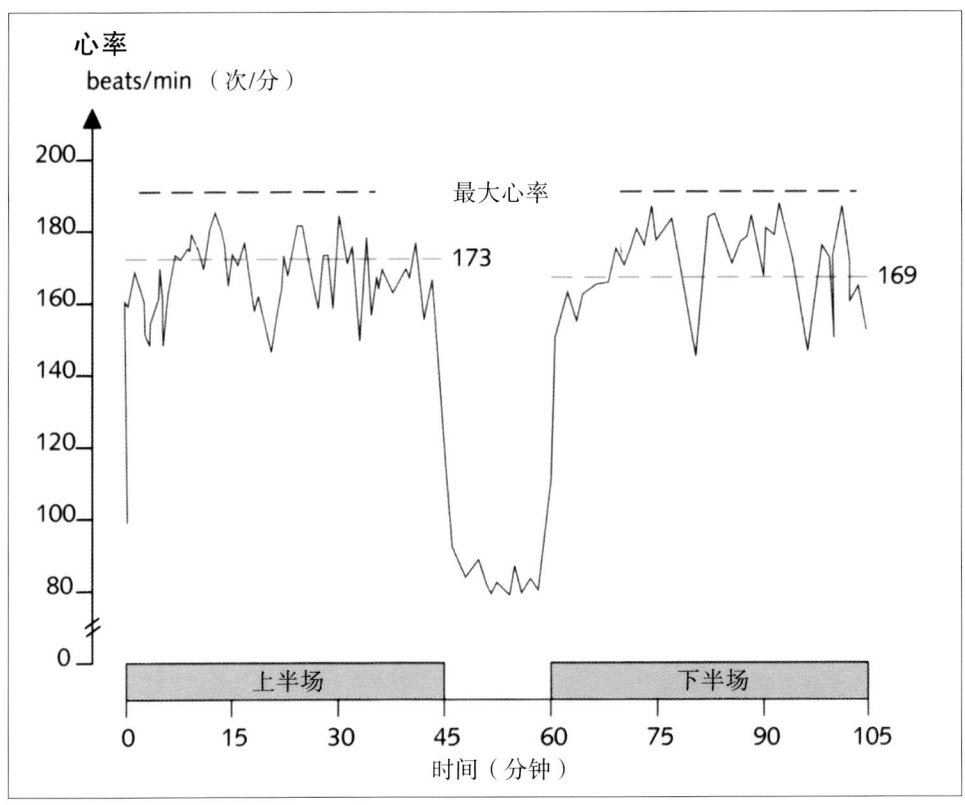

图1-6

图示表明运动员在比赛中的心率变化。包括最大心率和上下半场的平均心率。

无氧供能也是非常重要的，因为在高强度情况下奔跑和完成其他一些用力的动作，如抢球、转身和跳跃动作，都需要它。比赛中，一名顶级球员大约要冲刺30次，平均每次用时2秒钟。这种冲刺的能量主要来自于高能磷酸盐的无氧分解，消耗的部分在随后的休息阶段得到重新补偿。在高强度运动时，能量还来自于无氧乳酸供能系统，通过图1-7可以看到比赛时高浓度的血乳酸指标。

发展良好的协调性和某些肌群，特别是下肢肌群具有较高的力量水平，这对足球运动员是有益的。

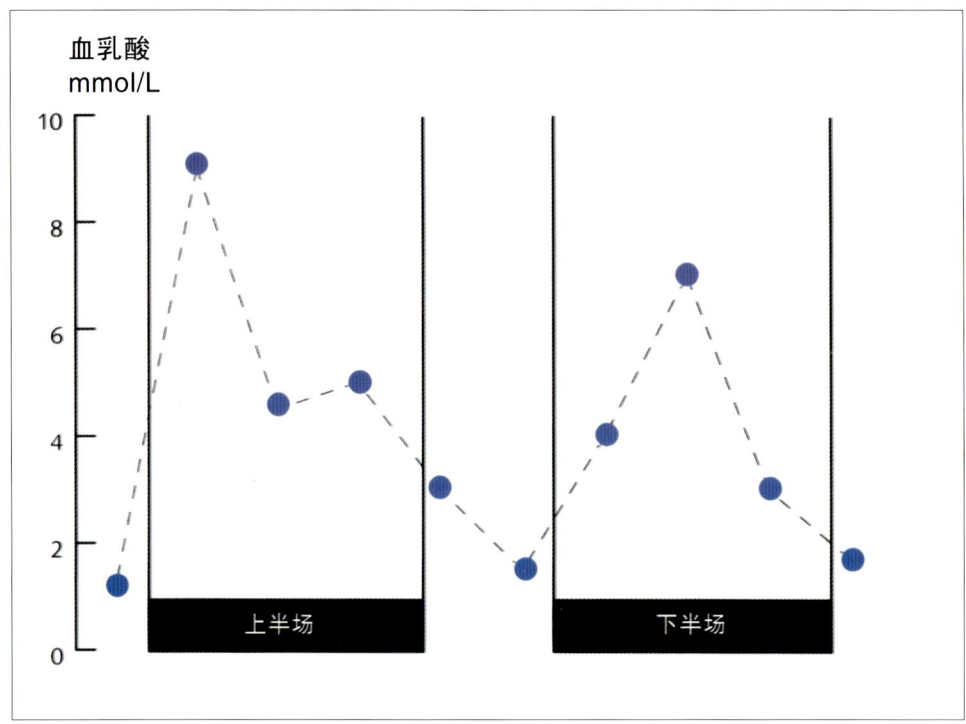

图1-7

图示表明运动员在比赛前、比赛中和比赛后血乳酸的变化情况。指标数据从1.5到9mmol/L*，变化幅度很大。

体能训练的类型

低强度运动时，肌肉的供能方式几乎全部为有氧供能。

高强度运动时，有氧供能受到局限，大部分的能量来自于无氧供能（图1-8）。

---

* mmol（毫摩尔）单位代表一定量的物质，为化学计量单位，用于对不同物质进行比较。在静息状态下肌肉和血液中的乳酸浓度约为1 mmol（分别为每公斤肌肉和每升血液），其绝对重量相当于90毫克。

1. 体能训练的特点

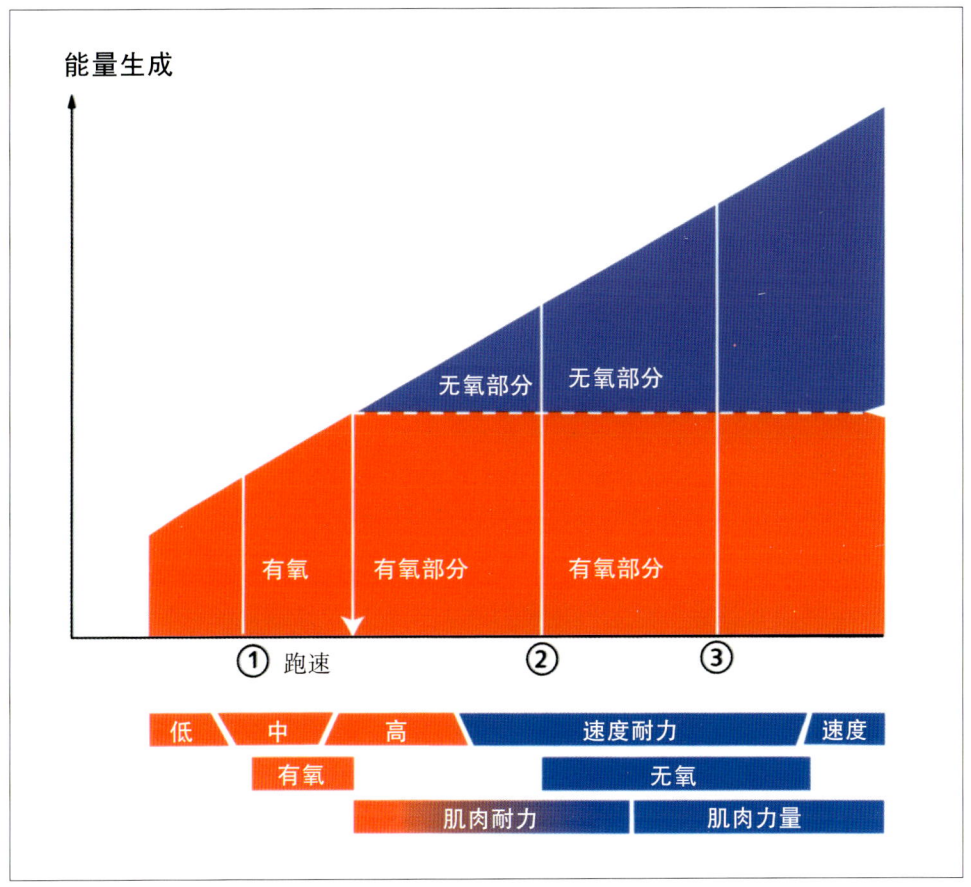

图1-8

图示表明不同跑动速度情况下能量的供给。低速跑时，如速度为①主要能量来自于有氧供能。速度以垂直箭头代表时，有氧供能达到（最大摄氧量，以点线部分代表）极限，保持高速运动的能量来自无氧供能。图中跑动速度②和③的情况下，同样为有氧供能，但无氧供能则有所不同。

图1-8及图示说明，运动时根据不同能量供给方式选择不同的体能训练内容。

低=有氧低强度*训练；中=有氧中强度训练；高=有氧高强度训练；速度耐力=速度耐力训练；速度=速度训练；肌肉耐力=肌肉耐力训练；肌肉力量=肌肉力量训练。

---

*练习强度：单位时间完成的工作。例如，A运动员跑完1公里用了5分钟，而B运动员跑完同样的距离用了10分钟，A的练习强度是B的两倍。

根据主要能量供给方式的不同，足球运动员的体能训练可以分成不同的内容（图1-8和图1-9）。

比赛和训练时，队员的练习强度不断变化。某些时候，完全是有氧系统供能，而在其他时候，能量供应的很大部分来自于无氧系统。图1-10表明比赛和训练中有氧和无氧运动不同的练习强度。两种形式存在着交叉部分，如高强度有氧训练时的练习强度，在某些阶段可以提高速度耐力训练的强度水平。

下面简要介绍体能训练的不同内容。

有氧训练

有氧训练可以分为有氧高强度训练、有氧中强度训练和有氧低强度训练（参见图1-9）。

足球运动员在比赛的任何时间都应该具备完成高强度运动的能力。这种能力通过有氧高强度训练能够得到提高。还有一点很重要，就是队员能够在比赛中自始至终保持体能状态和技术水平。因此，训练中部分练习的目的为提高长时间变换跑动速度的能力（耐力）。通过有氧中强度训练，队员的耐力水平可以得到提高。比赛后的第一天，或几天高强度训练下来，队员身体需要恢复，可以进行适量的体能活动——有氧低强度训练。

无氧训练

无氧训练可分为速度训练和速度耐力训练（参见图1-9）。

比赛中平均每次冲刺时间不超过3秒钟。但是，一次冲刺对于最终比赛的结果至关重要，所以速度训练对队员是有益无害的。足球项目，球员的速度不仅仅靠身体的能力，而且还要做出快速的决定和随后的迅速动作。速度训练的目的，是发展队员在速度起决定作用时的感知、评价和快速动作的能力。

短距离冲刺（1~5秒钟）时，体内能量主要来自于磷酸盐的分解，但是无氧乳酸能系统也起到重要作用。时间稍长的高强度训练，能量则主要来自于后者。顶级运动员比赛中乳酸浓度很高，表明乳酸能系统对于足球项目具有重要性，必须对此进行专门的训练。通过速度耐力训练，可以提高反复高强度动作的能力。

1. 体能训练的特点

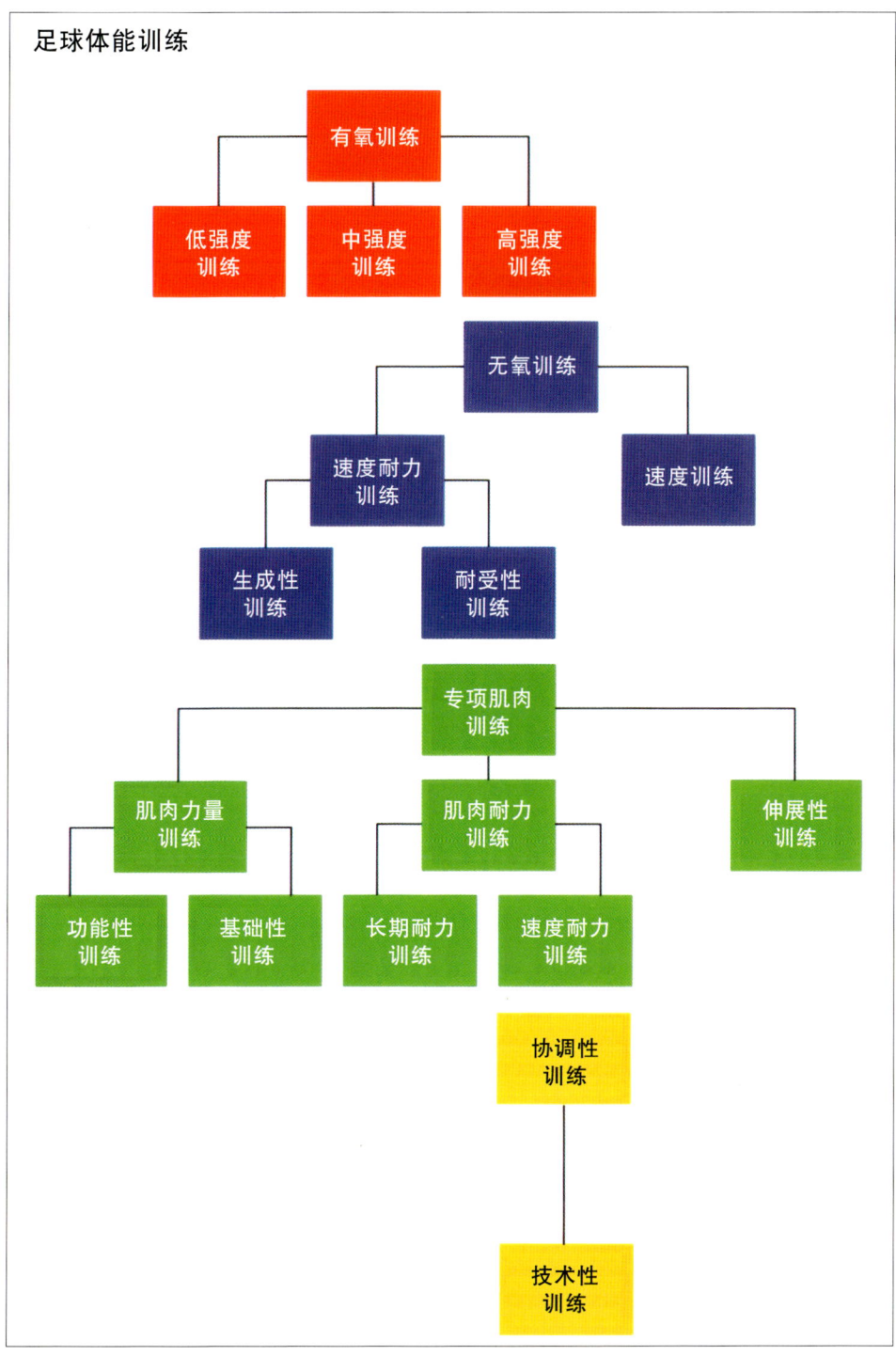

图1-9

足球运动体能训练的组成部分。

15

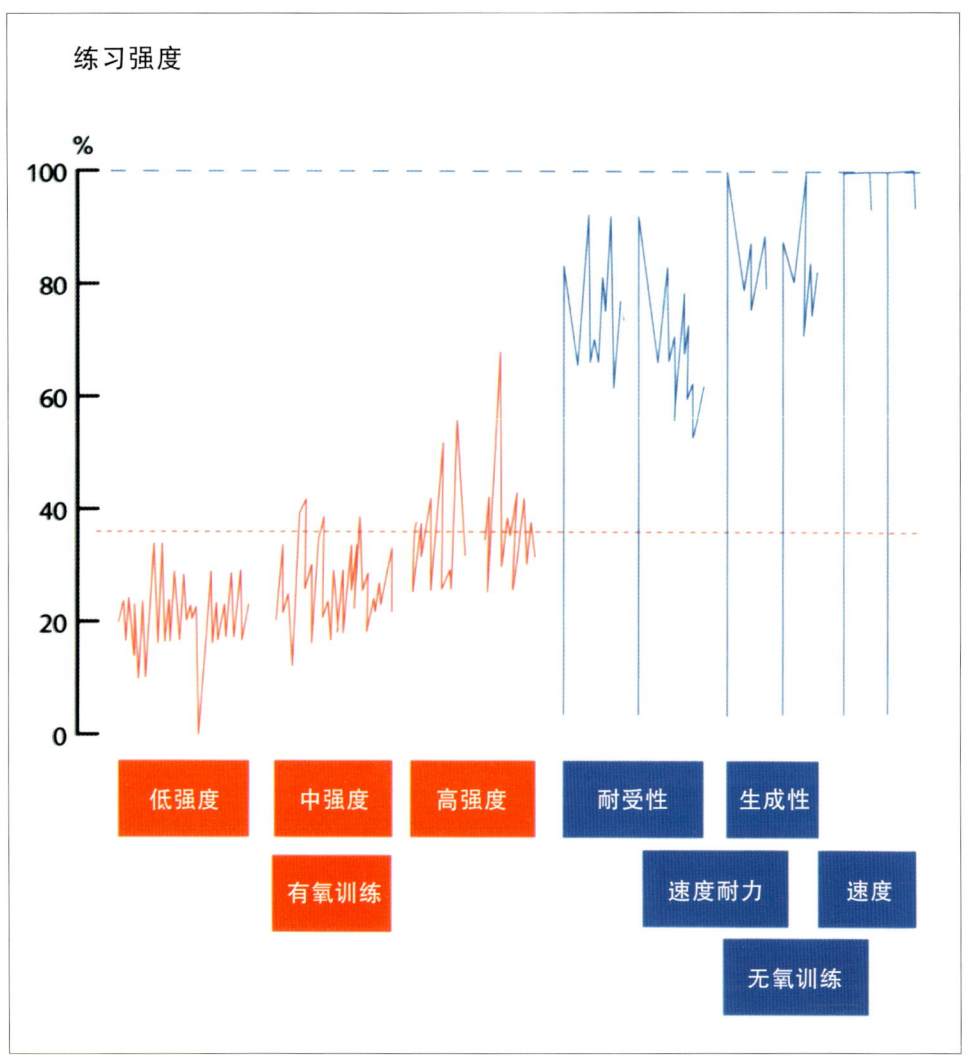

图1-10

分队比赛中运动员的有氧和无氧练习强度（相对于极限强度100%）举例。有些部分存在于两种不同强度交叉的情况，即为短时有氧高强度练习，随着强度的提高变成无氧速度耐力练习。高、低点线分别代表运动员在练习时的最大摄氧量和最高练习强度。

1. 体能训练的特点

肌肉耐力训练可在运动场完成。

专项肌肉训练

专项肌肉训练采用孤立动作训练法。训练目的是提高肌肉的工作能力，此与一般足球训练相比，可获得更高的水平。专项肌肉训练可分为肌肉力量训练、肌肉速度耐力训练和肌肉伸展性练习（参见图1-9）。

肱二头肌的训练采用抗阻方式，如杠铃练习是一种肌肉力量练习方法。腹肌练习采用多次重复的动作，是一种肌肉耐力的练习。腘绳肌拉伸动作是肌肉伸展性的练习。

训练方法

足球体能训练主要是结合球进行练习，其有利方面是：

- 足球项目需要特殊肌群得到训练。
- 队员应在类似比赛的体能条件下发展技战术能力。
- 有球练习往往更能够调动队员的积极性。

有球练习时，队员不会太辛苦，有些因素，如战术的限制，可以降低练习的强度。如果想增加练习的要求，可以在练习中引入一些规则方面的要求。

球场不能使用时，教练员要尽可能地组织好训练课，内容形式要有创新。如进行头顶球比赛，队员间交替进行手抛球和头顶球练习。这种练习动作和比赛中需要的动作非常接近。

在进行有球体能训练时也练习了技术。

另外，比赛还要考虑有关的战术和技术的安排。与无球跑动相比较，有球练习具有很大训练潜力。某些时候，也需要进行无球训练。但是，训练要在草皮上进行，运动员穿足球鞋完成与比赛情景相同的动作。

个别训练

足球项目，队员在比赛中体能表现受到一些因素的影响。例如，队员场上战术职能（图1-11）和战术水平，还有不同位置队员的特点和体能水平。

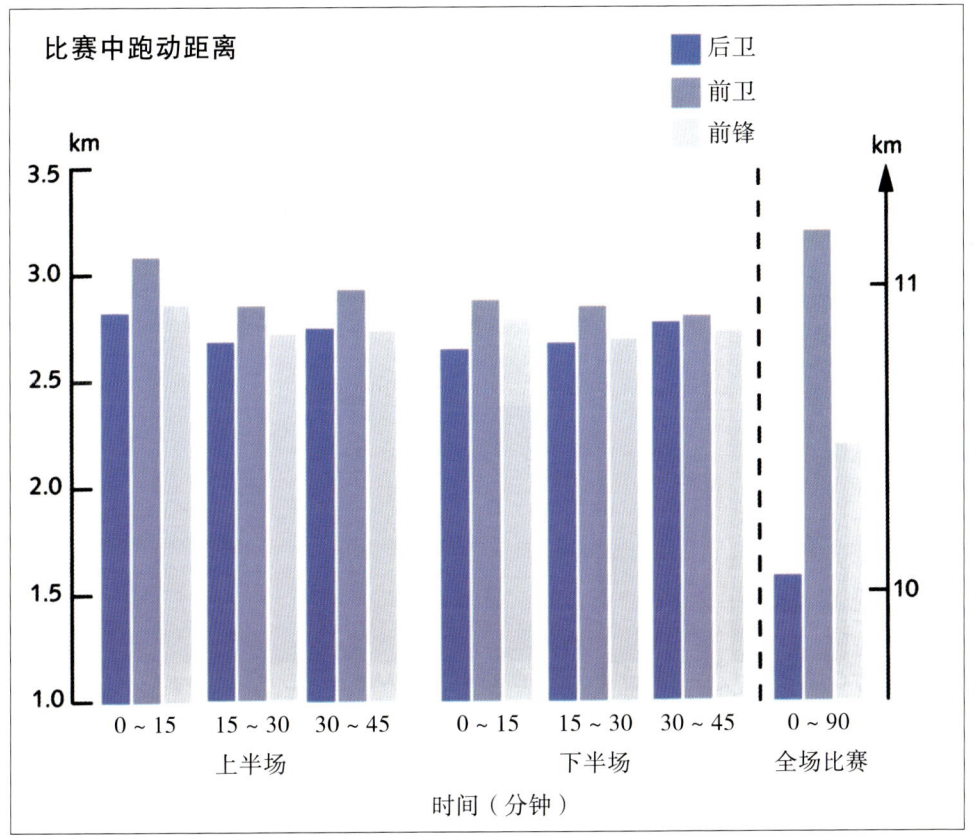

图1-11

图示表明顶级球队比赛时后卫、中场和前锋队员的跑动距离。图的左边将每半场分为15分钟一个阶段（0~15，15~30，30~45分钟），图右边标明的是整场比赛的时间（0~90分钟）。除了最后15分钟，中场队员明显地比其他两组的队员跑动距离更远。

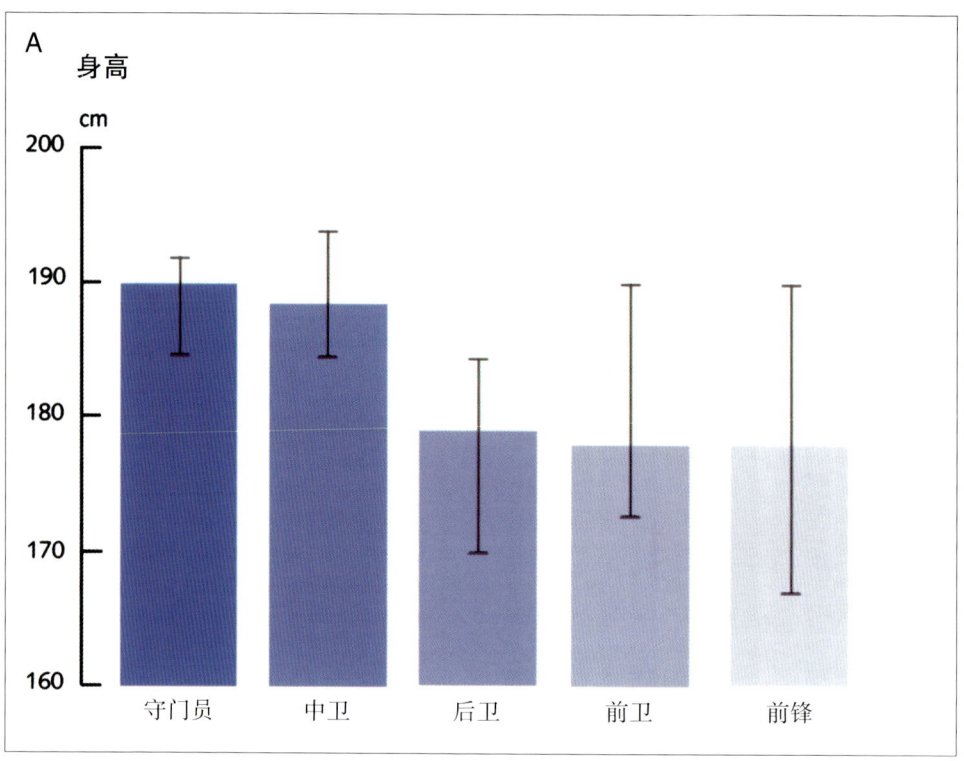

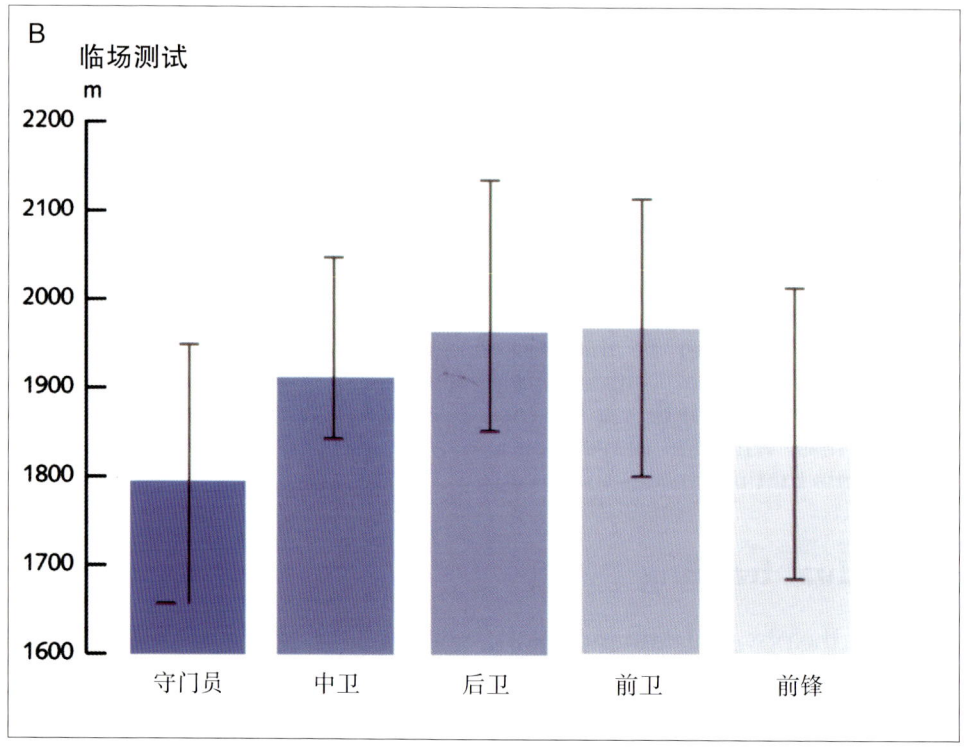

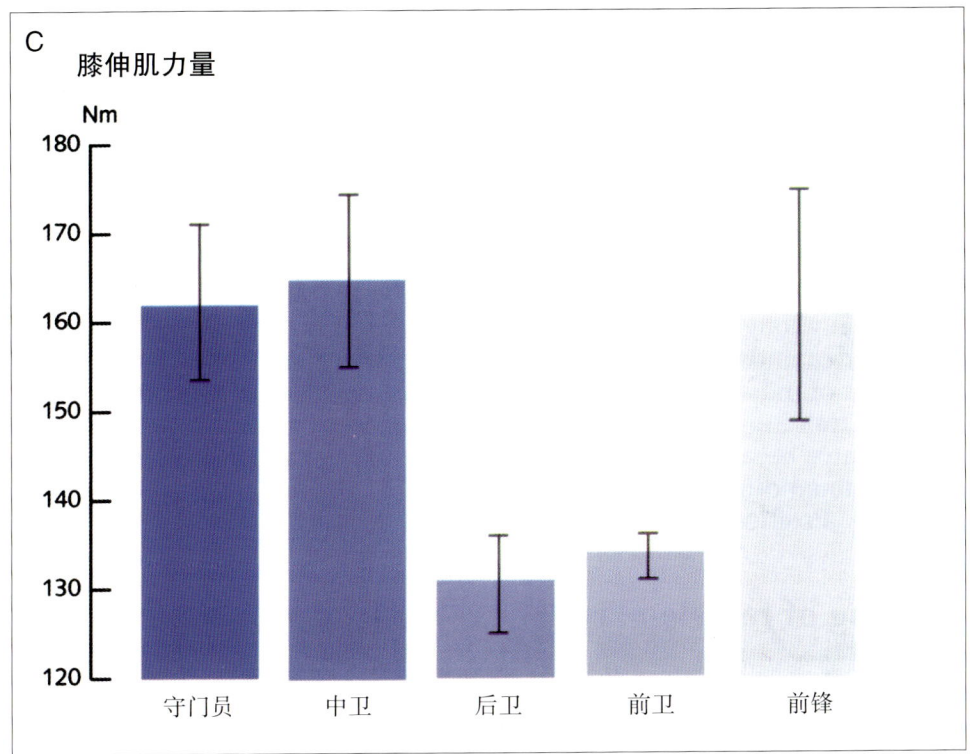

图1-12

图示表明不同位置的优秀男队员的体能特点。每个位置,选择一个平均值、最低值和最高值。(A)为身高,(B)为赛中测试结果,(C)为在速度180度/秒的条件下测试的腿部力量。

图1-3和图1-12显示的是丹麦82名顶级足球队员的测试结果,从图中可以清楚地看到守门员和中卫身材最高,但后卫、前卫和前锋的平均身高没有区别(参见图1-12A)。虽然后卫和前卫队员的最大摄氧量较高,在实际测试中也比其他位置的队员表现得更好(参见图1-3和图1-12B),但后卫和前卫队员的下肢力量水平最低(图1-12C)。同类队员的测试结果也不尽相同,表现出两个相同位置的队员体能水平的差异也很大。

显而易见,每位队员会有不同的训练要求。体能训练也可以为个人制定目标,通过练习专门提高和发展队员能力方面的优势和改变劣势。但必须了解一点,由于遗传因素的影响,队员的体能水平存在差异,这与训练计划无关。对丹麦参加1986年世界杯的运动员进行测试的结果证实了这点。虽然,队里每位队员都接近自己体能水平的巅峰,最大摄氧量水平从57至69ml/(kg·min),

丹麦足球运动员最大摄氧量是76 ml/（kg·min）。体能差的运动员在比赛中可以用其他方面的优势来补偿。球队也需要这种队员，重要的是教练员要选择好打法和阵型，适合现有队员的实际情况。球队战略的选择要让体能水平高的队员承担更多的工作。例如，中场队员一般耐力较好，在比赛中跑动距离明显多于其他队员。计划体能训练课时必须考虑队员的个性化要求，练习内容的安排要考虑一些方面，如整体练习时间。个性化训练可以分小组进行，因为一些队员有同样的需求，个性化训练时，也可以分组进行不同的练习内容。

女运动员的训练

因为足球女运动员的体能水平不及男运动员，训练的总体强度要低一些。但是，随着女子足球普及率的提高和快速发展，对女球员也有了更高的体能要求。女运动员的最大摄氧量和男运动员一样与场上位置有关，但较男运动员水平低（图1-13）。然而，女足队员的运动形式和男足队员非常相似（参见图1-13），男女队员的训练潜力也没有本质的区别，换言之，从基础上看队员对训练的反应是一样的。所以，男女队员应该采用同样的训练方法，本书中讲到的训练注意事项也同样适用于男女队员。

强调训练强度对顶级队女队员的训练是非常重要的。但是，在月经期如果运动量突然加大时，需要做些调整。建议逐渐增加训练量和强度。如果经期发生改变，队员应该休息一段时间或减少训练负荷。

女足队员在比赛中的运动形式和男足队员基本相同。

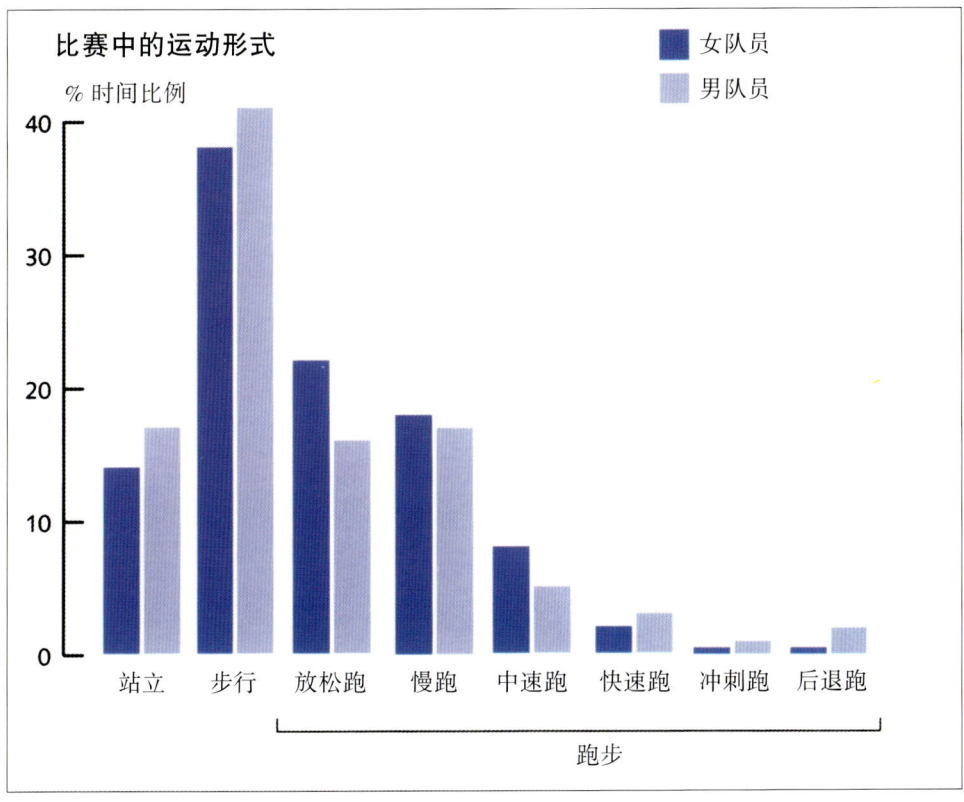

图1-13

图中表示顶级优秀男女运动员的运动方式。注意，男女队员的运动方式相同，但女队员跑动和冲刺的速度要慢些。

总结

通过体能训练可以提高队员的潜在能力，练习内容包括有氧训练、无氧训练和专项肌肉训练。所有练习共同遵循的原则是要与足球项目相结合。

这就是多数体能训练要结合球进行的原因。作为一般体能训练的补充，练习的设计和安排可以考虑队员的个性化需求。男女队员的体能训练遵循同样的原则。

2. 青少年运动员的发育与训练

儿童阶段的心理、社会经历和生理的发展,是其一生中其他阶段所不具备的。所以,儿童的足球能力是需要在经验、心理素质和体能方面加以培养的。每位孩子的成长不尽相同,各自生物遗传潜质、成熟期及环境的影响会形成个性化的发展。如一组12岁的女孩,就整体生长发育而言,有些女孩相当于9岁的水平,而另一些可能达到了15岁的水平。

对教练员来说,重要的是要了解队员所处的生长发育阶段,以及懂得训练需要有一定的乐趣,这样才能促进而不是阻碍年轻队员的发展。孩子不只是个体上小于成人,训练也绝对不能照搬成人的模式。本章节将归纳儿童生理方面的变化和足球训练的一些常识,进而深入探讨青少年足球训练的特殊问题。

青少年运动员的生长发育

青春期以前(6~12岁),男女孩身高每年增长4~8厘米。身高明显增长的一段时期(每年可达8~15厘米)标志着青春期的开始(图2-1)。这个阶段我们称为青春快速增长期,此阶段的增长速度高峰称为"高峰速度",缩略语为PHV。快速增长期的持续时间有所不同,但多数是1~2年。以后,身高的增长逐渐缓慢;男女孩分别在16岁和18岁左右身高停止增长(参见图2-1)。快速增长期的出现,意味着孩子成熟期的到来。这一时间出现得越早,说明孩子越成熟。在同一年龄组内,个人的成熟期有很大的差异。青春快速增长期早的可以从10岁开始,晚的也有到16岁的。图2-2表示不同年龄组的女孩月经初潮的时间,这是成熟期的标志。图中清楚地显示,多数女孩月经初潮的开始时间在12～14岁,但也有更早出现月经初潮的和晚到14岁以后的情况。平均来看,女孩比男孩约早两年进入成熟期。就成熟的程度而言,多数采用生物年龄而不是时间年龄,时间年龄是从出生时算起的。男孩进入青春期的标志是睾丸的生长发育,而女孩是月经初潮的出现和乳房的生长发育。成熟期随后会出现阴毛的生长。

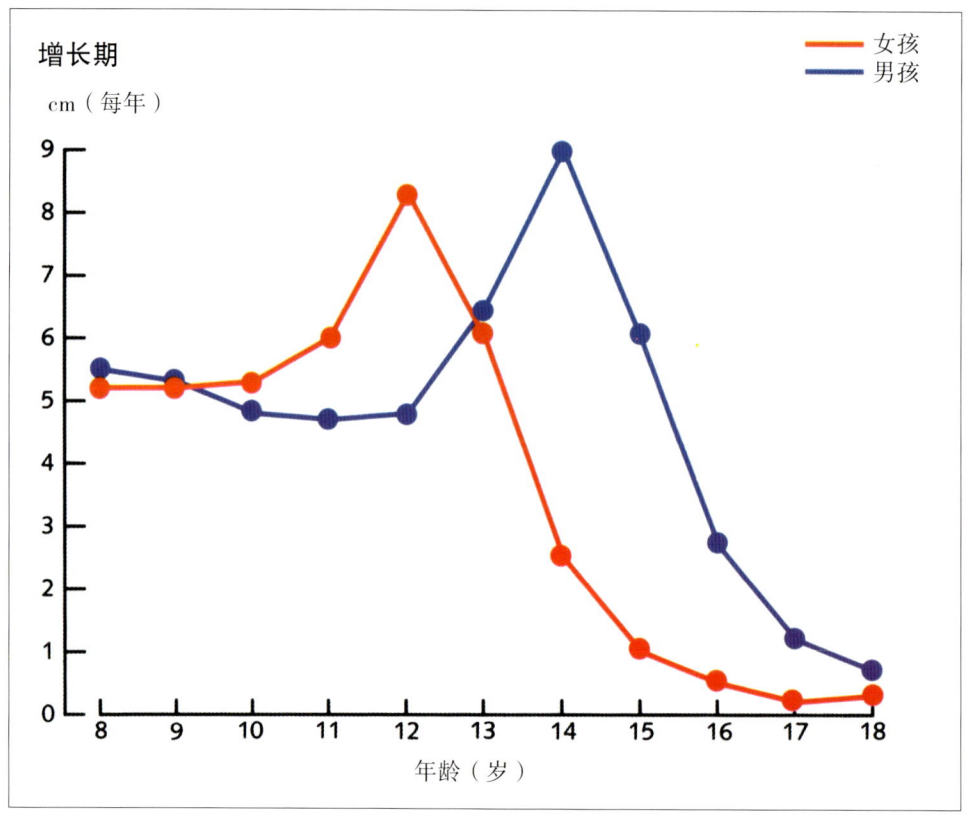

图2-1

图示表明一名男孩(●)和女孩(●)每年身高增长的情况。值得注意的是,在身高增长明显加快前,每年平均身高的增长是相对恒定的,约为5厘米。直到身高增长明显加快,进入快速增长期,这个过程女孩比男孩早2年。快速增长期以后,身高增长的速度缓慢下来,身高停止发育的最后时间,女孩约在16岁,男孩约在18岁。

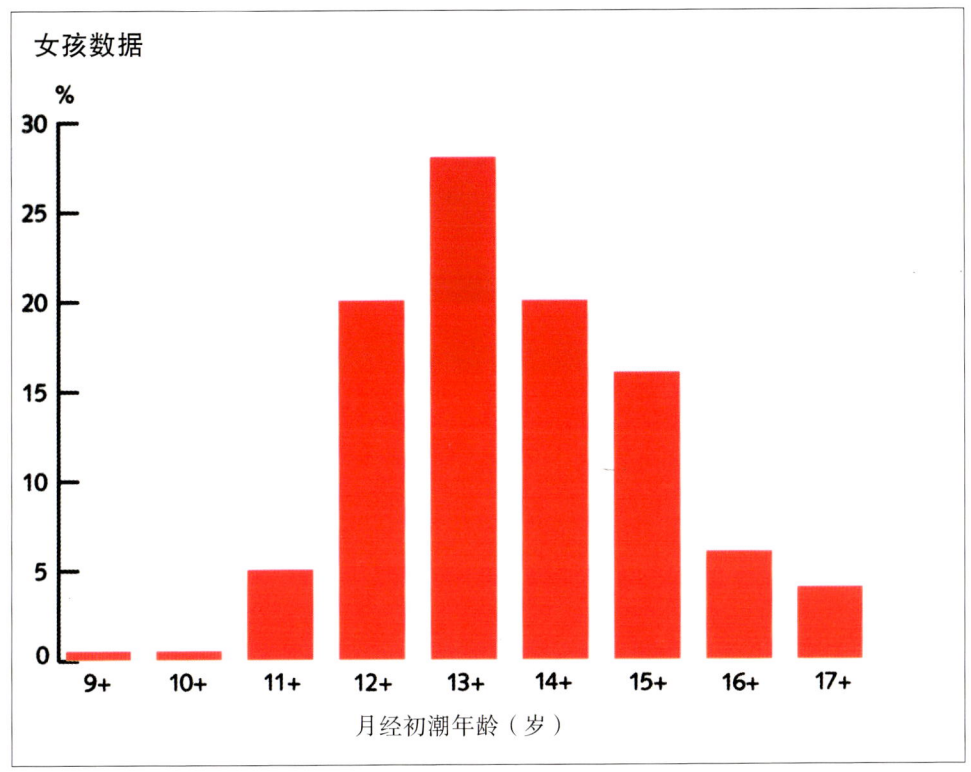

图2-2

图示表明接受调查的女孩数据，以百分数为单位，显示不同年龄阶段首次出现月经的情况。9+代表9～10岁，10+代表10～11岁，以此类推。显而易见，约70%的孩子首次月经的年龄在12～15周岁，也有月经来得早的和很晚才出现的情况。

　　快速增长期内，孩子动作的协调性会出现一些问题，原因是身体发育过快。孩子甚至会难于完成他们以前能够完成的简单动作。男孩由于生长速度更快，协调动作就更困难些。青春期的这个阶段常常会出现"笨手笨脚"的感觉。应该提及的是，约有不足三分之一的孩子会受此严重影响，但一切影响都是短暂的。按照规律进行足球训练，不会影响孩子身高的增长、高峰速度出现的时间和持续过程，骨骼的成熟也不会受到影响。

　　青春期以前，男女孩体重和身高的增长是同步的，青春期内男孩的体重继续增长。青春期的女孩，体内雌激素的增长使身体的脂肪增多，体重的增加相对于身高的增长更为明显。青春期以后，女孩体内脂肪组织的储量约是相同身高男孩的一倍。

骨骼

孩子骨骼中的软骨成分比例较多，比起成人来说更加柔软而富有弹性。所以孩子的柔韧性更强，跌倒时也不会引起严重的损伤。另外，孩子因错误、单一及过度的负荷，会引起永久性的损伤。20岁以前，人体的骨骼都没有完全结束生长发育。

肌肉体积

孩子出生时和儿童早期，肌肉约占体重比例的20%。随着孩子的生长发育，肌肉所占体重的比例也在增加（图2-3）。青春期前，男女孩肌肉围度的增长基本相同。进入青春期，男孩与女孩不同，男孩体内的睾丸酮激素明显增加，引起肌肉显著增长。性成熟以后，男孩肌肉所占体重的比例显著增长，达到成人水平的40%。经常可以看到，男孩从10～17岁肌肉围度增长了一倍。女孩在这阶段，肌肉增长的速度没有明显变化（图2-3）。

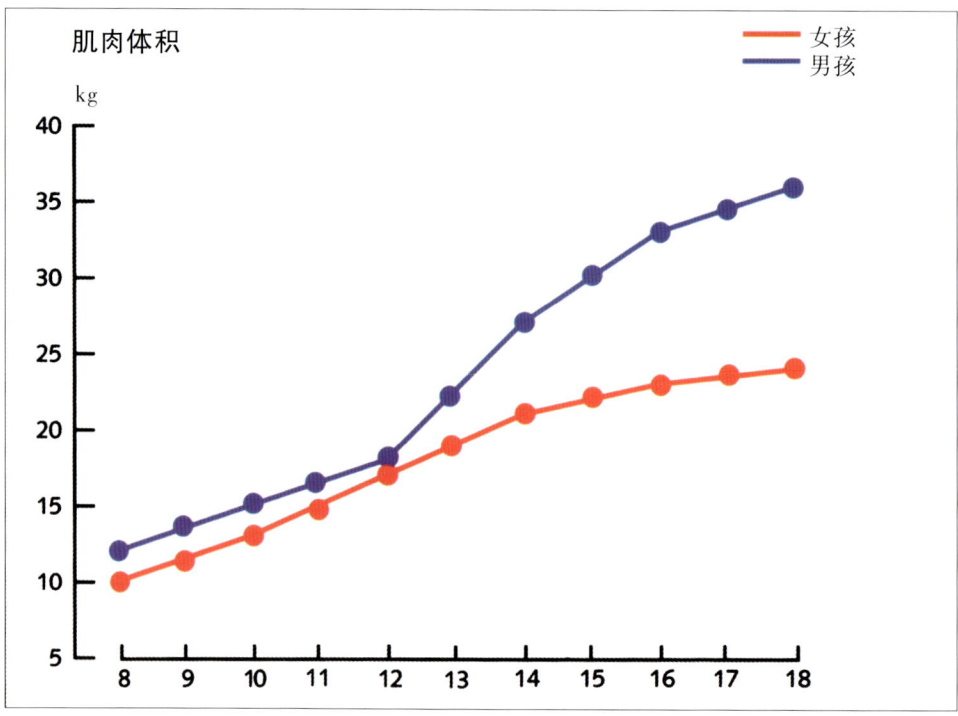

图2-3

图示表明不同年龄阶段男孩（●）和女孩（●）的肌肉体积。值得注意的是，青春期前，男女孩的肌肉增长速度相同。随后，男孩的肌肉继续增长，而女孩的变化很小。

2. 青少年运动员的发育与训练

青少年足球运动员通过比赛也会发展肌肉体积。

有氧供能

在青春期之前,最大摄氧量随着年龄的增长而增加,男孩和女孩的变化基本相似(图2-4)。在青春期,男孩的最大摄氧量显著增长,而女孩的增长比较平稳。出现这种差异的原因是,男孩的特异性蛋白——血红蛋白显著增加,血红蛋白在血液中输送氧气。

对足球运动员而言,最大摄氧量通常被认为与体重有关,球员的表现不仅取决于身体输送和利用氧气的能力,也取决于体重。由于最大摄氧量的增加与儿童逐步增加的体重有关,对男孩来说,每公斤体重的最大摄氧量变化不大(图2-5),由于女孩体内脂肪的增加与最大摄氧量增加不相关,女孩在青春期的最大摄氧量降低。通常,踢球的孩子比不参与活动的同龄孩子的最大摄氧量要高。

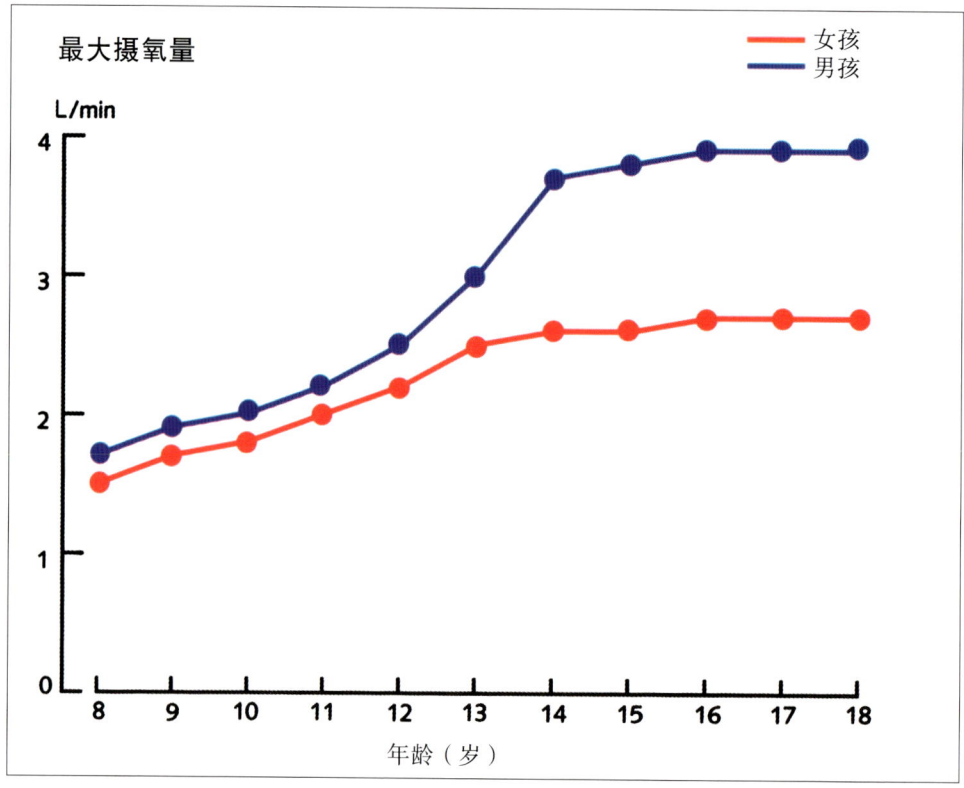

图2-4

最大摄氧量表示不同年龄组男孩(●)和女孩(●)每分钟摄入多少氧。注意,青春期前男女孩最大摄氧量基本相同,青春期之后男孩最大摄氧量进一步发展,而女孩变化不大。

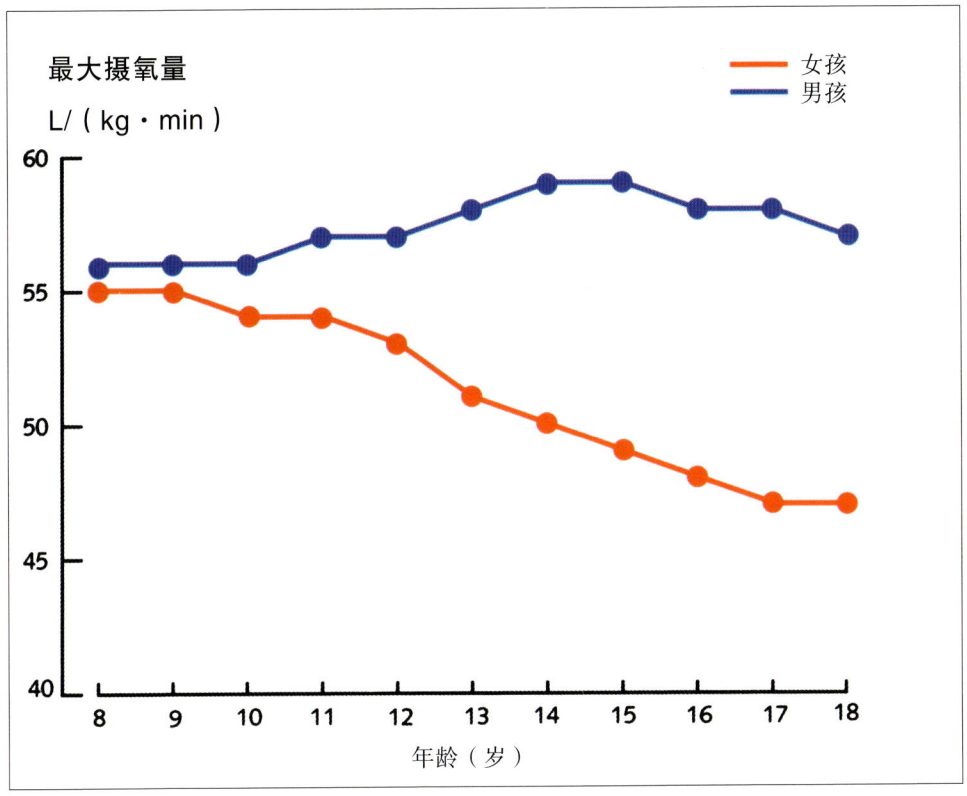

图2-5

图示表明不同年龄组男孩（●）和女孩（●）的最大摄氧量，即每分钟公斤体重摄氧多少升。应该指出，男孩的最大摄氧量变化不大，女孩在青春期则有很大的降低，原因是体内脂肪组织堆积而引起体重的增长。

无氧供能

最大有氧能力以每公斤体重为单位表示，孩子与成人水平基本相同，儿童的最大无氧力量和无氧供能能力明显低于成人。无氧能力在性别之间没有差异，但却与人体肌肉的增长密切相关，无氧力量和无氧供能能力在青春期后的成熟阶段持续增长（图2-6）。奔跑速度在两个阶段明显增长。第一个阶段约在8岁，没有性别差异，主要与神经系统的成熟和上下肢肌肉协调用力能力的提高有关。第二个阶段，女孩约出现在12岁，男孩出现在12～15岁。

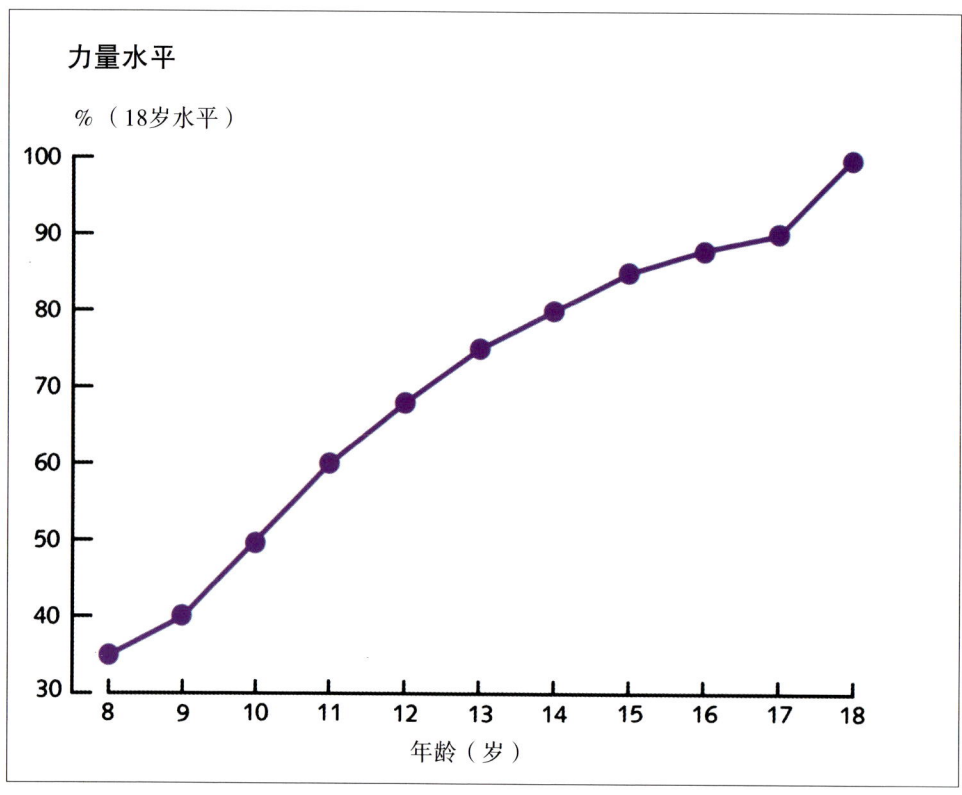

图2-6

图示表明不同年龄组男孩下肢（●）无氧力量与18岁力量水平（100%）的对比。应该注意的是，男孩8岁时无氧力量相当于18岁的35%，在整个儿童时期，特别是13岁以下，无氧力量得到显著的发展。

肌肉力量

肌肉最大力量与参与工作的肌肉体积密切相关，也与儿童时期肌肉增长的特点有关（图2-7）。青春期出现以前，男女孩下肢力量的发展是一致的，但是从6~7岁起，男孩上肢力量大于女孩。其中一个原因可能是男孩比女孩的活动量更大。发展肌肉耐力，主要是提高肌肉持续发挥力量的能力，如持续工作30~60秒，这和肌肉力量的发展规律是一样的。

力量的发展还与提高运动水平有关，要求更高的力量水平。图2-8表明，伴随着肌肉体积和力量的增加，男女孩的跳跃能力也有所加强（参见图2-3、图2-7）。

2. 青少年运动员的发育与训练

感觉与协调性

小孩动作的协调性是发育成熟、练习水平、遗传和环境多因素的综合能力。10岁以前，多数小孩不能完成复杂的动作，因为神经系统没有生长发育完全。队员也难于判断球的速度和方向，以及根据队友的位置来确定自己的位置（一种场上的感觉）。球场上经常看到球撞到队员脚下，而不是队员主动踢球的情况。神经系统的发育成熟与年龄有关，通常到12岁时感知系统才能完善，这意味着队员能够感知和预判，但依然无法控制复杂的动作。这个阶段的小孩可以进行技术训练，经过一段时间可以自如地完成动作，如孩子不用想就可以完成动作。儿童时期每个年龄段的小孩都可以自如地完成一些动作，但是有些动作还是完成不了。虽然做动作的同时需要高度集中注意力，但还有许多动作不能完成。

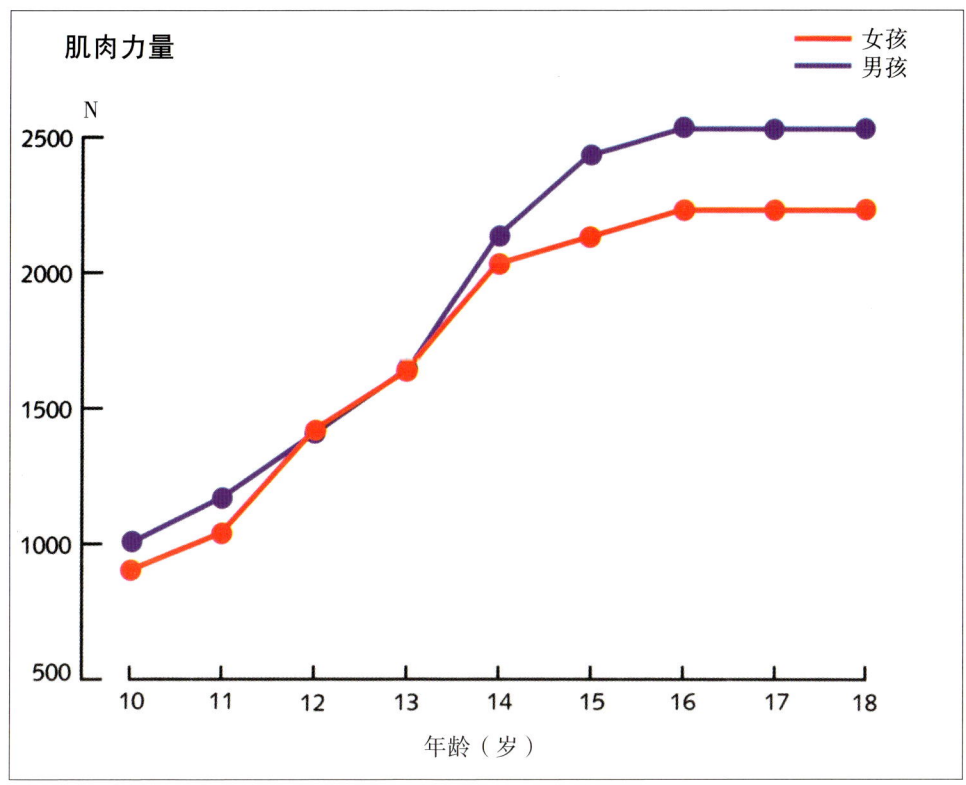

图2-7

图示表明不同年龄组男孩（●）和女孩（●）的下肢肌肉力量。值得注意的是，男女孩在14岁以前力量增长的方式几乎相同，随后，女孩的肌肉只以有限的速度增长，而男孩则继续增加肌肉体积。

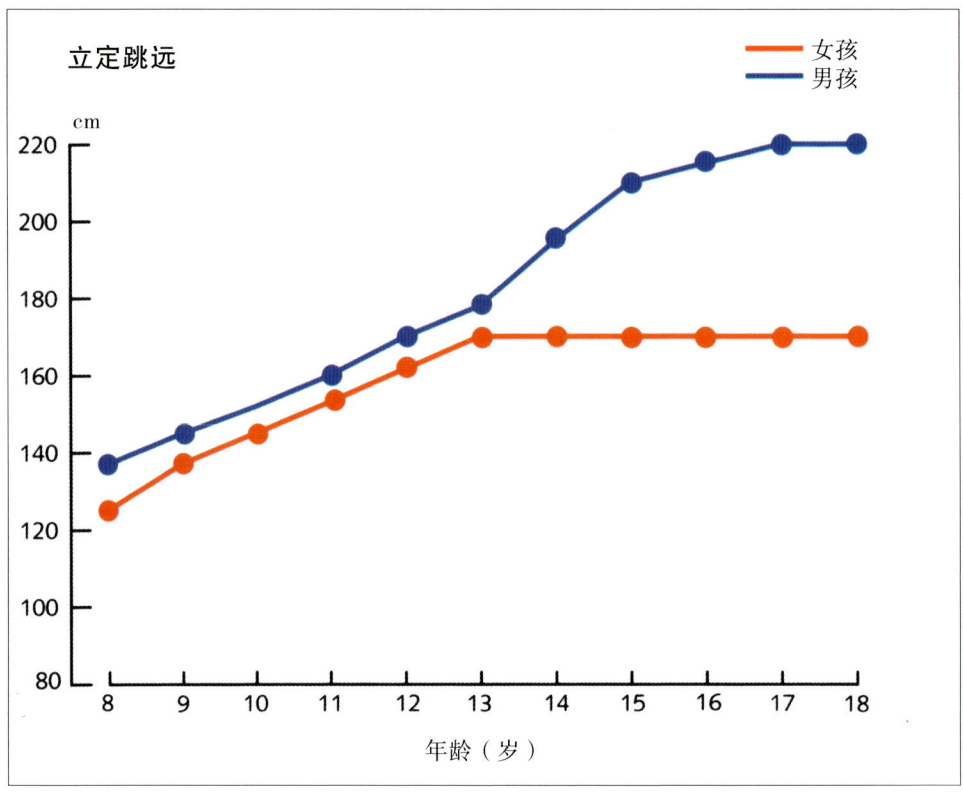

图2-8

图示表明不同年龄组男孩（●）和女孩（●）的立定跳远成绩。值得注意的是，13岁以前男女孩的跳远发展水平相当，随后，女孩几乎没有提高，而男孩则有明显的提高。

　　年轻队员掌握技术细节的能力也取决于其生长发育的程度。小孩没有生长发育到相应水平，不宜教授复杂的技术动作，否则会使孩子失去自信心。所以至关重要的是，年轻队员的教练员要懂得每位队员的生长发育阶段和水平，并且能够在队员未取得进步的时候给予他们支持和鼓励。

　　孩子的运动系统控制能力测试的简易方法是进行如图2-9所示的平衡测试。测试1分钟内站立在平衡板上的总次数。表2-1为10～14周岁足球运动员测试的参考值。需要指出的是，测试结果并不能完全表明运动员的动作协调能力。

表2-1 足球运动员平衡测试值

	年龄（岁）	
	11～12	13～14
高	< 5	< 3
中	5～15	3～12
低	> 15	> 12

说明：表中数据代表足球运动员平衡测试的参考值。测试在1分钟内保持平衡的总次数。

图2-9

平衡板（50厘米×3厘米）测试。队员扶住一人并保持平衡，当其放手单独站立时，计时开始，失去平衡落下板时，停表。然后，队员再站立在平衡板上重新开始，如此连续进行至1分钟计时结束，计算总的站立次数。

青少年运动员的训练

青少年运动员的训练既不能简单地看作是成人练习的缩版,也不能将成人的训练计划拿来直接套用。应该明确,相同年龄组的运动员生长发育程度有很大的区别。青少年训练的另一个重要方面是训练量和强度的问题。教练员应该仔细观察每位运动员对训练的个性化反应,青少年队员很容易超负荷训练。孩子的习惯性动作也要加以注意,因为大多数青少年队员未经过长时间的有组织的训练过程。本节将阐述青少年足球训练对不同身体素质的影响。特别要考虑到的是对不同竞技水平的运动员的发展,以及如何选拔优秀队员。

有氧与无氧训练

少年儿童在适当的训练刺激条件下,能够适应有氧和无氧训练。然而,如前所述,在青春期前和青春期内,运动员存在有氧与无氧的自然发展过程,年

青少年足球队员通过小场地比赛发展技术和体能。

轻球员通过参加练习和比赛，体能方面会得到充分的发展。这一点从对来自丹麦三个不同足球俱乐部的132名运动员的研究中可以清楚地看到，这些队员在15岁以前并没有进行专门的体能训练，对他们采用足球专项耐力测试（参见《足球体能测试》一书），不同年龄组的测试结果见图2-10。测试结果显示，他们与丹麦联赛的82名成年运动员的测试水平相当。年龄在15岁以下的运动员的体能水平随年龄的增长明显提高，尽管他们没有经过专项体能训练。然而，18岁运动员的测试结果和顶级球员的水平没有区别。这说明，队员在青少年时期未经过专项体能训练，也会达到顶级运动员的水平。青春发育期末段，运动员可以进行发展有氧能力和速度的练习。无氧速度耐力的练习要在青春期结束后进行，即运动员年龄达到15岁以上。

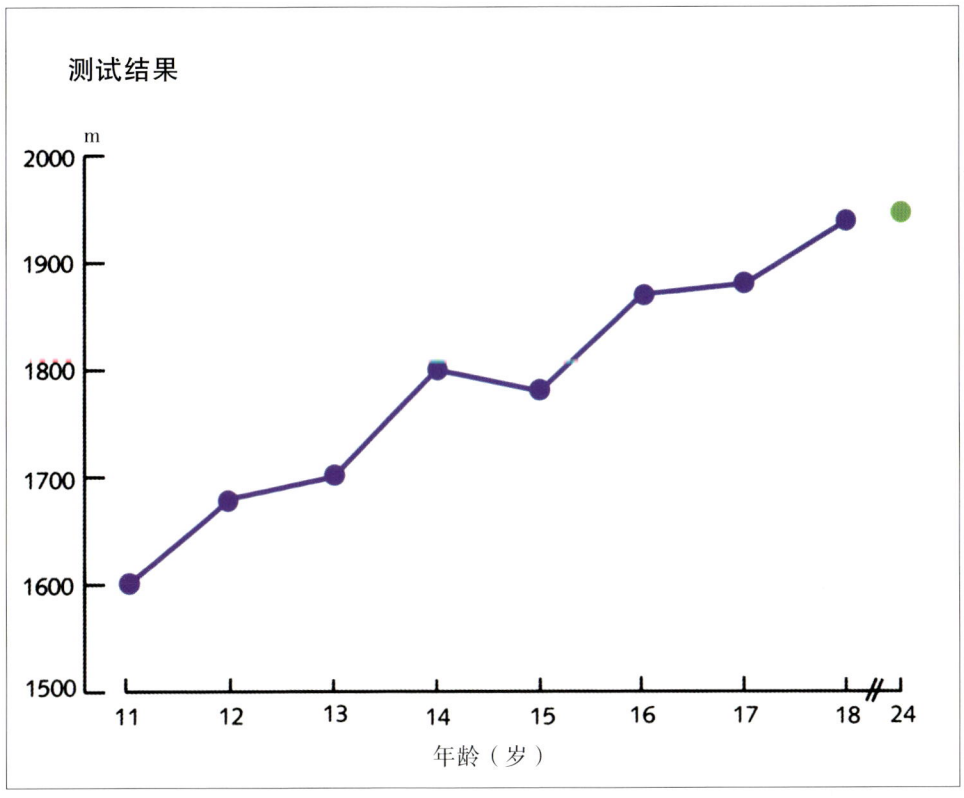

图2-10

对年轻运动员（●）和成年优秀队员（●）奔跑距离的间断测试结果。我们注意到，年龄小的队员尽管没有进行专门体能训练，但体能水平确有明显的提高。18岁队员体能的水平与成年顶级球员（平均年龄24岁）相当。

力量训练

力量训练可以使孩子的力量水平得到极大的提高。青春期前的力量素质，特别是进行早期的力量训练，主要目的是提高神经肌肉的活化作用，换言之，部分力量来源于运动系统的协调性的提高。这意味着，这种短期训练的效果很快会消失，并显示早期进行力量训练的队员，一段时间以后与没有进行力量训练的队员趋于同一水平。所以青春期出现以前，通过力量训练得到提高的力量素质是短期的，仅在青春期前和青春期中显现出来。然而，考虑到力量训练可能导致肌肉骨骼暂时或永久性的损伤，年轻的足球运动员不进行力量训练是确定无疑的。

青春期末段，孩子可以进行功能性力量训练，主要是利用队员自身体重为阻抗的练习。青春期结束以后，队员才能使用力量练习器和自由重量进行基础肌肉力量练习。运用这些器械练习时应该有监控和适宜的技术指导（参见《足球力量训练》）。

协调性训练

当今许多球类项目中杰出的运动员，年轻时很多时间是在运动场上度过的，并参加各种体育运动。这种广泛而不同的运动形式，使其全身的协调性得到发展。10岁的小孩参加高水平的比赛比参加低水平的比赛更能发展其协调性，这点也得到大家的认同。

协调性的发展不仅是下肢部分，动作过程中上肢、下肢也需要协调。有一点是非常明确的，运动员通过广泛的体育活动可以刺激全身协调性的发展。这种经历奠定了技术发展的提高基础，队员在比赛中可以保持平衡和进行快速的动作变换。所以年轻运动员的训练，应包括涉及多肌群的练习，如起跳、滚翻、假动作、转体和其他结合球的专项练习，练习中注意发展上肢和下肢的协调性。

足球运动员在场上还会用到手和头部。如采用篮球或头顶球练习，队员交替抛球和头顶球（持球队员允许跑3步）。一般来说，最重要的环节是年轻队员尽可能多地接触球。所以几乎所有的练习内容，包括热身活动，都应该结合球。可以安排限制人数的小场地比赛来达到这个练习目的。本书介绍的多数小场地比赛都可以采用，前提是场地要明显减小，有些情况下队员的人数减少。

2. 青少年运动员的发育与训练

年轻队员通过有球训练和小场地比赛提高体能。

成熟性与选择队员

为了侧重了解最高水平（优秀队员）的队员，即一队队员和较低水平运动员（非优秀队员）的发展情况，对丹麦100名以上年轻足球队员的研究结果表明，优秀队员和非优秀队员氧运输系统（最大摄氧量）、肌肉力量和协调性的动作能力都有明显提高（图2-11）。

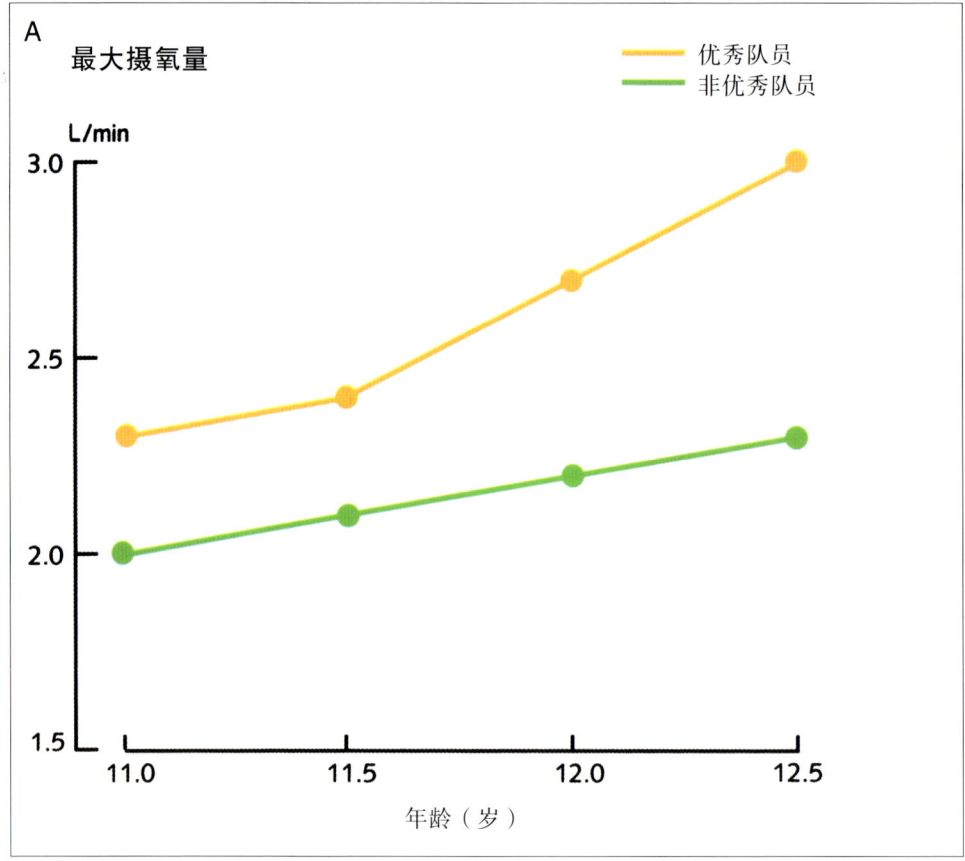

图2-11

图示表明顶级球队（优秀球员，🟠）和较低水平球队（非优秀球员，🟢）年轻队员的体能特点。（A）最大摄氧量，（B）下肢肌肉力量（双下肢），（C）协调性测试。测试结合上下肢的动作，完成的时间越短成绩越好。值得注意的是，从11岁开始优秀队员的测试结果优于非优秀队员。然而随着年龄的增长，两组队员数据都有所提高，但最终优秀组提高的幅度更大。

B
肌肉力量
优秀队员
非优秀队员
N
4500
4000
3500
3000
2500
2000
1500
1000
11.0
11.5
12.0
12.5
年龄（岁）

C
协调性
优秀队员
非优秀队员
seconds
13
12
11
10
9
8
7
6
5
11.0
11.5
12.0
12.5
年龄（岁）

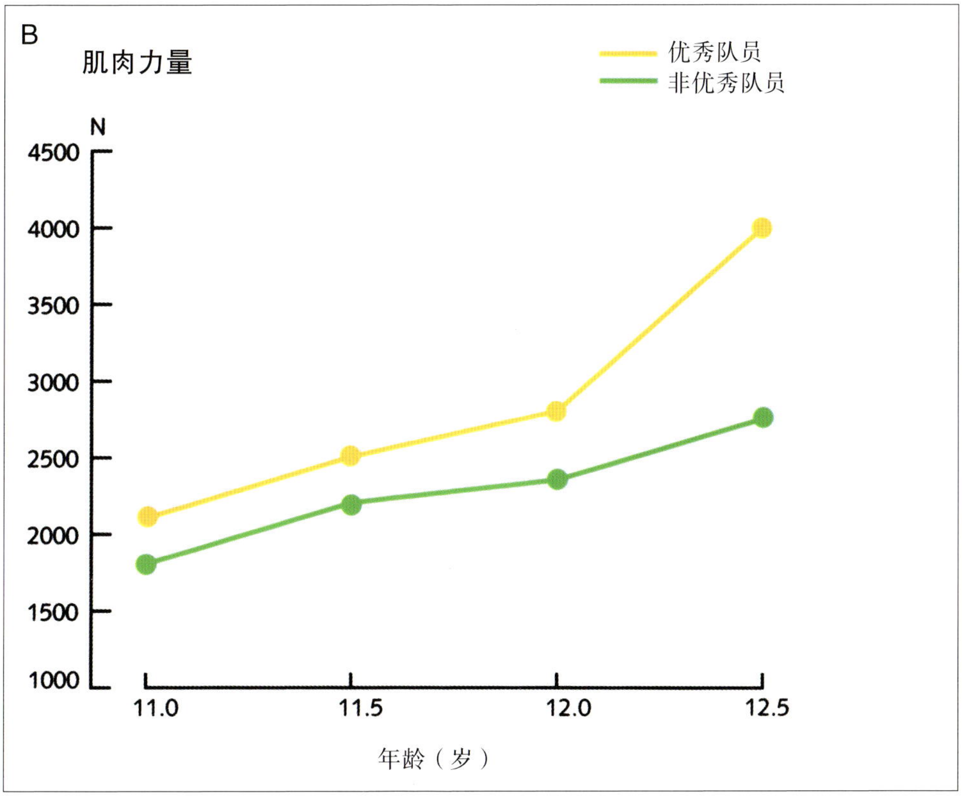

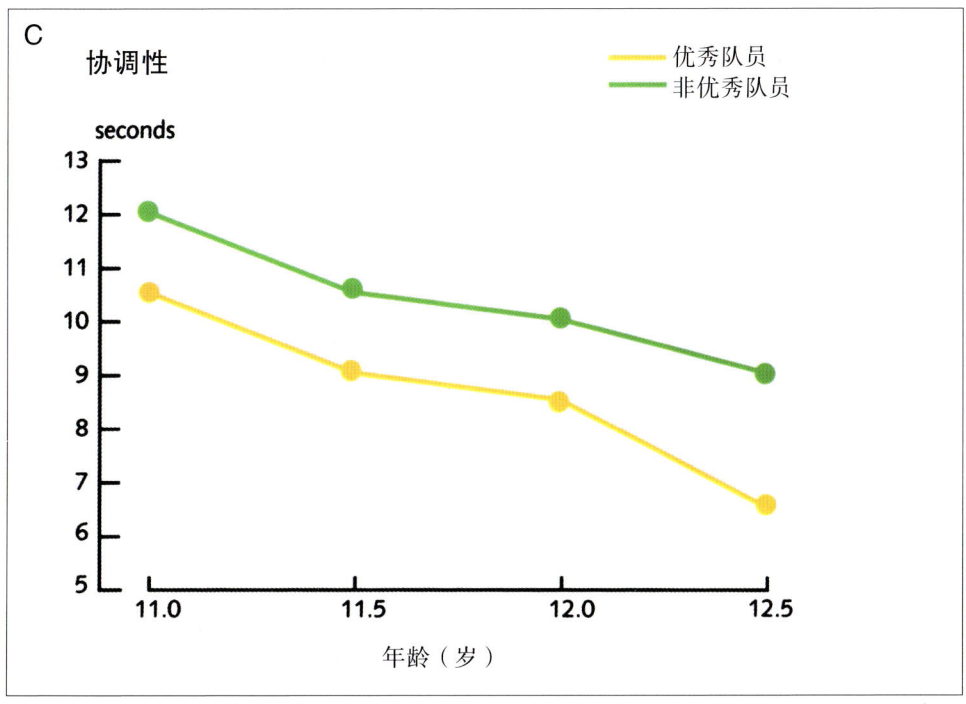

优秀队员比非优秀队员更加成熟，10～11岁已经表现出体能的优势。可能有些队员被一队选中，也是由于体能方面的原因，通过观察证实，多数优秀队员出生在当年的前三个月（图2-12）。荷兰、英格兰和瑞典的队员也是同样的情况，青少年国家队队员在选拔中，年龄段内早期出生的队员占多数。甚至在成年队中，多数队员也是上半年出生的，可能因为这些队员在年轻时就比较成熟，所以能够被选出来并接受良好的训练。也有证据表明，早熟队员的优势成年后不复存在。于是，发育成熟程度对体能状态产生了深远的影响。应注意在同年龄组中与其他队员比较时，不能因为身体的不成熟而埋没了足球天才。有天赋的队员，虽然在这个年龄段相对其他队友的体能较弱，但他们也应该接受良好的训练。否则，很多秉赋天才的孩子可能会被埋没。

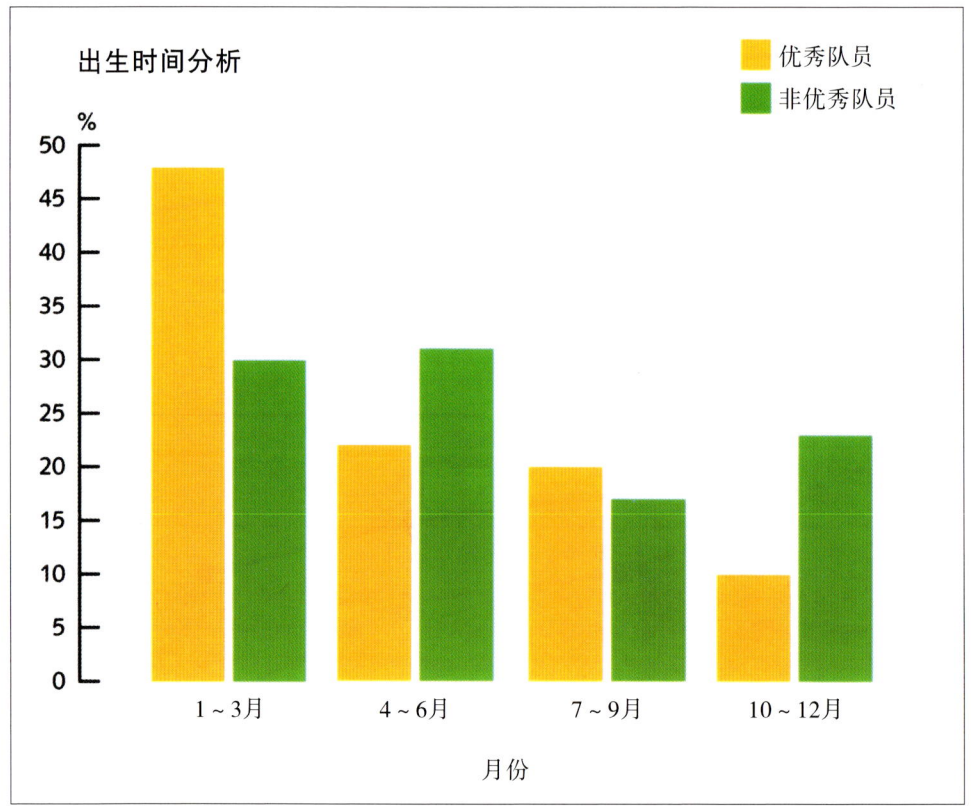

图2-12

图示表明出生在一年四季的优秀和非优秀队员的人数比较。值得注意的是，年初出生的优秀队员人数多于非优秀队员。

2. 青少年运动员的发育与训练

总结

在进行青少年足球训练时应该懂得：
- 孩子从开始训练到青春期的开始（快速增长期的开始），应该持续平衡地发展。
- 因为孩子青春期开始的时间各异，所以青春期对孩子踢球能力的影响也有很大的不同。
- 几乎所有练习都应该结合球进行。
- 青春期的前期和中期，训练不应专注于体能方面，主要是发展协调性和技术方面。
- 青春期末期，可以开始进行有氧练习与速度练习，同时进行有限制的功能性肌肉力量训练。
- 青春期之后，可以进行肌肉基本力量和肌肉耐力训练。

3. 热身和恢复训练

本章节将会说明在比赛和训练中热身及恢复训练的主要原则。

热身

每场比赛和每堂训练课之前要进行一段时间的热身活动,以便运动员能够在身体和心理上逐渐进入状态,为比赛和后续的训练内容做好准备。

目的

- 提高运动表现。
- 降低损伤的可能性。

作用

在训练过程中,肌肉会产生热能。随着训练强度的增加,热能的产生也会随之上升。其中部分热能会从肌肉传导到血液当中,并随之传递至全身各个部位。因此,在对大肌群进行训练的过程中,肌肉温度上升的同时,人体的体温也会大幅度地上升。在高强度训练中,肌肉的温度可能上升到43℃,体温能够达到41℃。

图3-1显示在热身活动过程中体温和肌肉温度的变化。肌肉温度在热身活动开始约10分钟后就保持不变，但是体温在训练进行50分钟后依然持续上升。在训练中，肌肉温度的上升会提高肌肉释放能量的能力。这就是在热身活动之后，运动员竞技表现得到提高的原因之一。图3-2显示，通过自行车功量计进行短时间冲刺的测试时，肌肉温度和运动表现之间的关系。从图3-1和图3-2的数据中我们得出结论，热身活动至少要持续10分钟，以便运动员能够提高身体肌肉温度，从而达到最佳竞技状态。

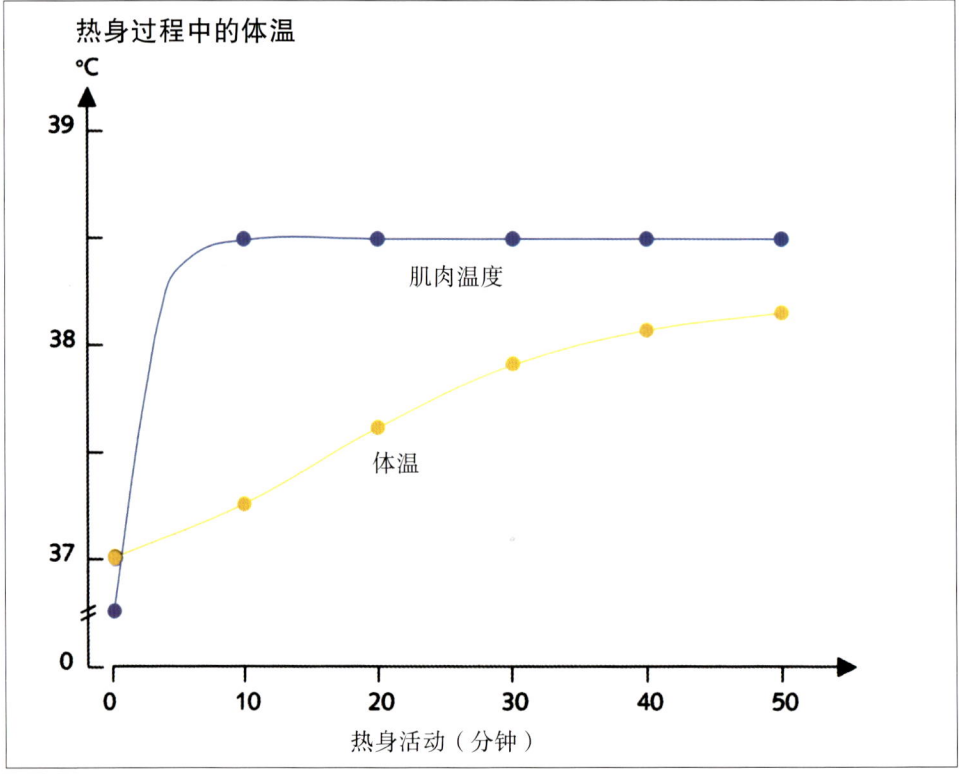

图3-1

图中数字显示，在50分钟的训练过程中体温（●）和肌肉温度（●）的变化。体温呈逐渐上升的状态或趋势，但肌肉温度仅在训练开始前10分钟上升，之后一直保持不变。

很多损伤出现的原因是没有进行充分的热身活动。肌肉温度较低导致肌肉相对僵硬，在应对突发性动作时，致使肌肉强度上升而肌肉收缩能力下降。当肌肉中的弹性纤维无法适应外部压力的时候，肌纤维就会出现损伤。这就是通常所讲的拉伤。

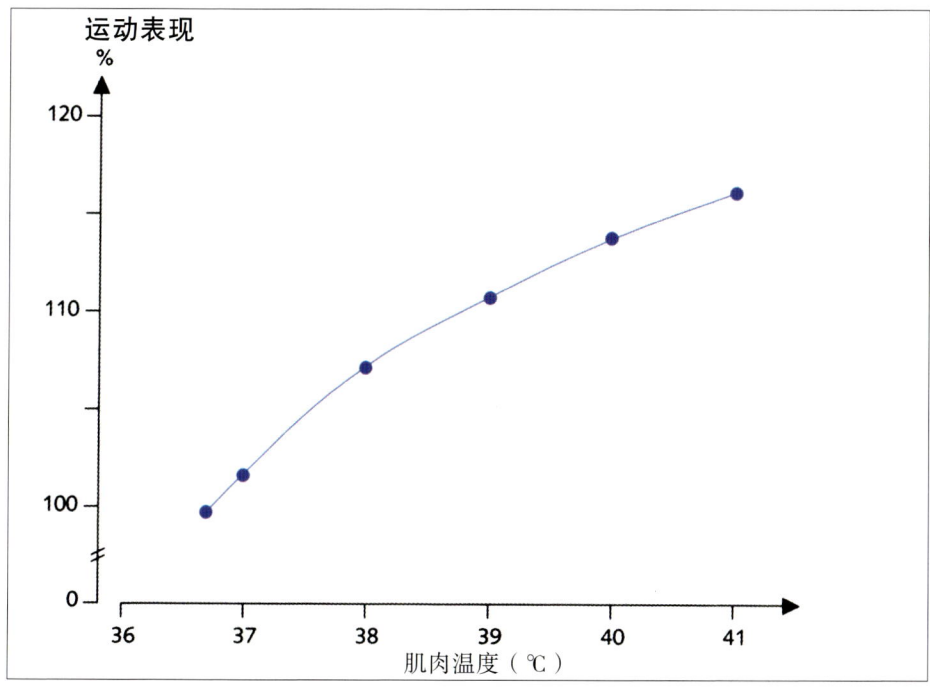

图3-2

图中数据显示肌肉温度与运动员进行冲刺跑时的表现关系。肌肉温度越高,冲刺跑的表现也就越好。例如,肌肉温度达到41℃时,比在37℃时的冲刺跑提高了15%。

足球中的应用

所有的训练和比赛,应从热身活动开始。热身活动除了帮助运动员在身体上做好充足的准备,还能帮助他们做好充足的思想准备。在比赛前帮助运动员控制自己的情绪,将注意力全部集中在比赛上。在训练中,热身活动有助于运动员进入兴奋状态,在思想上做好充足的训练准备。

训练安排

热身活动的强度要从开始阶段由低到高逐渐增加。训练内容的技术要求合理便于运动员完成,但需要注意的是,热身活动的整体训练技术水平不要过低,否则达不到预期的热身效果。同时,热身活动也应包括肌肉牵拉的内容。

在进行热身活动之前,要考虑天气和温度的因素。当室外温度较高时,肌肉温度和人体的温度会快速地上升,一次热身活动的时间可以相应地缩短。但是,需要进行合理的热身活动,以便使肌肉温度达到所需高度。如室外温度较低,运动员在进行热身活动时可身着额外的衣服,以便达到保暖的效果并有助于肌肉和身体温度更加快速地上升。

比赛前的热身活动的最后一项训练内容强度要高(图3-3)。但在训练前的热身活动则不一定也要使用相同的方法,因为教练员和队员可以通过后续的训练内容调节训练强度。比赛前和训练前的热身活动的区别,将在下面的内容中进行分析。

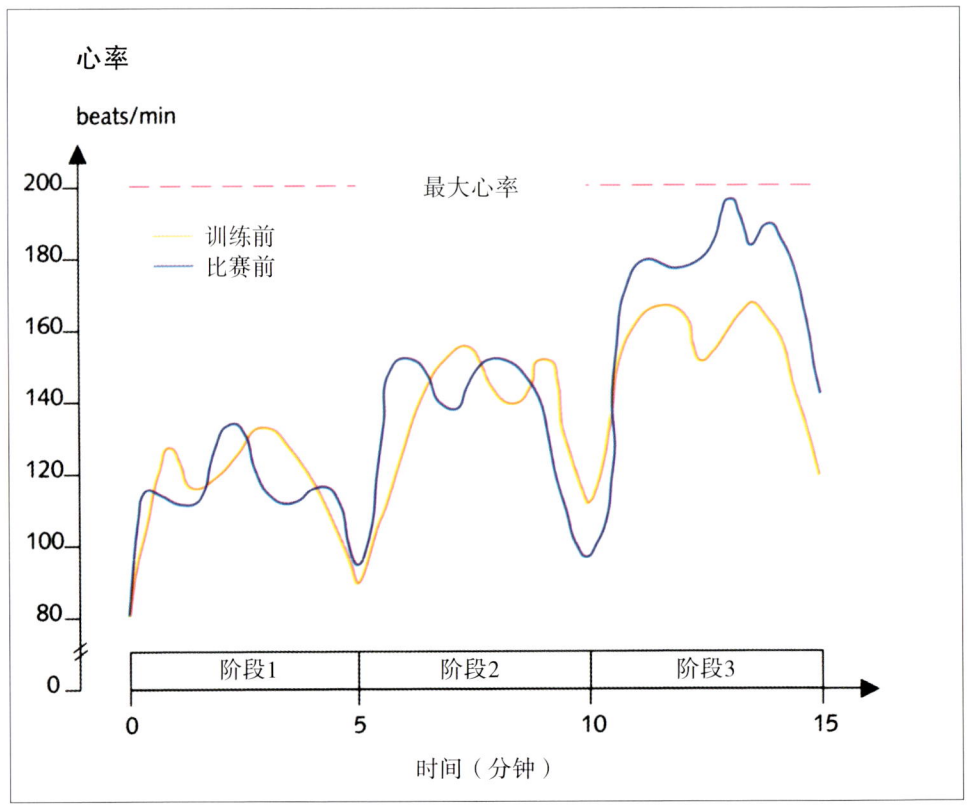

图3-3

图中数据显示,运动员在进行训练前(——)或比赛前(——)热身活动过程中的心率变化。在每个5分钟的时间段内,心率分别增加了25次/分,而且后一个阶段的心率平均都高于前一个阶段。在比赛前热身活动的最后阶段,运动员的心率基本达到了最大值,但是相比训练前的热身活动,在最后阶段的心率则远远低于最大值。

3. 热身和恢复训练

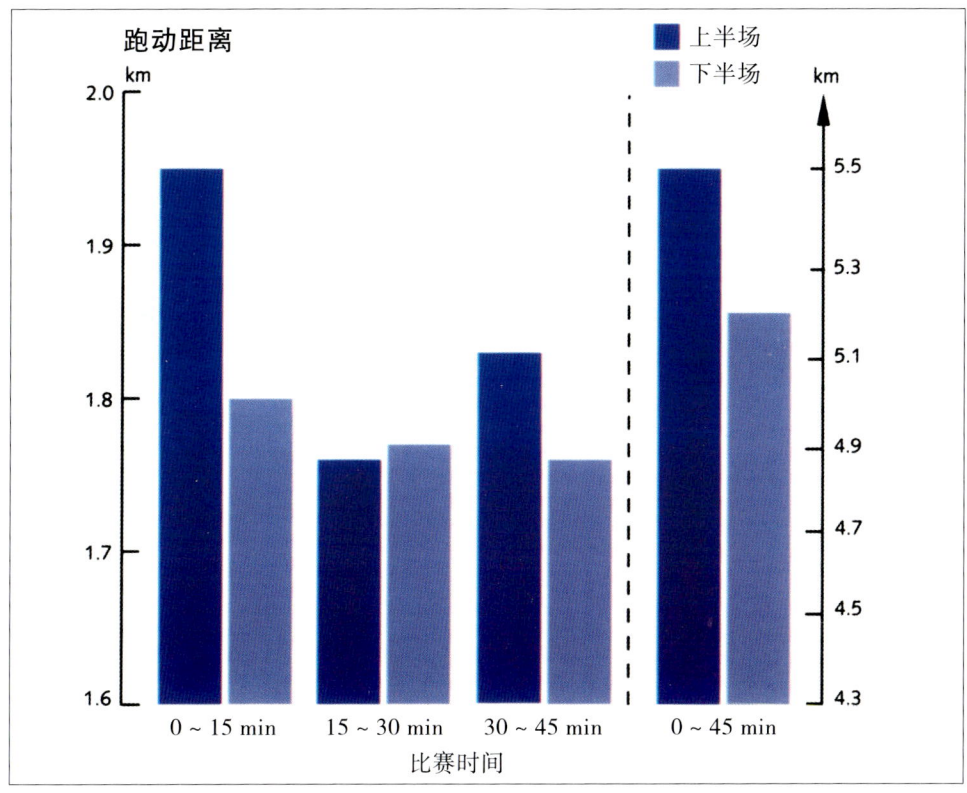

图3-4

图中数据显示，比赛中上下半场运动员的跑动距离。图左侧，将上下半场各分成3个15分钟的时间段（0~15分钟，15~30分钟，30~45分钟），图右侧，将队员上下半场各45分钟跑动距离进行对比。上半场跑动距离较长（约300米）的队员与下半场相比，从中发现上下半场开场前15分钟内的跑动距离有明显的下降。

赛前和中场休息期间的热身活动

在热身活动结束后，之前所调动的肌肉温度会快速地下降，15分钟后会降至训练前的肌肉温度。所以比赛前的热身活动应进行到比赛开始前。但即便在高水平的足球比赛中，运动员热身活动后回到休息室，休息时间可能会超过15分钟。在这期间，热身活动的作用就会逐渐丢失。如果休息的时间较短（如5分钟），通过比赛开始前快速地做一些热身活动可以再次提高下降的肌肉温度。

在中场休息期间，肌肉温度也会大幅度地下降。因为可以清楚地观察到下半场开始后的前15分钟，队员的跑动距离相比上半场同一时段的距离有明显的下降（参考图3-4）。导致这一现象出现的原因之一，就是在中场休息过程中肌肉温度的下降。所以，最新的科学研究显示，运动员的冲刺能力相比上半场的最后阶段，下半场的开始阶段会有所下降。这是由于肌肉温度下降2℃所导致的。因此，运动员应在中场休息期间做一些活动，下半场比赛开始前，尤其是休息时间超过10分钟的情况下，再做一些简短的热身活动（5～7分钟）。运动员按照此方法进行活动热身，他们在上下半场开始阶段的冲刺能力会保持相同的水平。

同时也要注重比赛前热身活动对运动员思想状况的影响。应该让运动员按照自己的方法去做部分的准备活动。例如，热身活动刚开始的部分，在集体性的热身活动开始前，或者在比赛开始前。比赛前热身活动非常重要的一点，就是要做有球的训练内容，以便运动员能在比赛前尽快地找到球感。比赛前热身活动的前15分钟主要针对个体队员进行，然后是10分钟整体性的热身活动，最后给予队员5分钟自主练习的时间。

训练前的热身活动

在设计训练前的热身活动内容时，教练员要发挥自己的想象力。为确保热身活动的有效性，提高运动员兴奋度，结合球的训练内容应成为重点。热身活动通常被认为与训练课的主体部分是相隔离的，仅仅是为了提高运动员肌肉和身体的温度，致使热身活动所使用的训练时间无法达到最佳效果。然而，热身活动可以用于重复或者提高运动员技战术的能力。同时，非常重要的一点是，教练员不需要给予队员时间较长的训练说明，否则热身活动的效果将会受到影响。

为了降低运动员损伤的几率，热身活动应该从调动大肌肉群的训练内容开始，如在做带有对抗性的练习之前，进行有球或无球的慢跑。大约5分钟后进行全身各部位的练习，包括轻微的拉伸练习。之后通过小范围的对抗性练习，达到调动针对足球专项的肌肉群的目的。然后通过系列的拉伸练习，提高热身活动的强度。图3-3的数据就很好地显示了，运动员在训练前热身活动中的心率变化。

下面介绍一些热身活动的练习方法。简单的组织形式即能达到技战术练习的目的。这些练习方法可以用在所有级别的球队当中。为了达到激励和提高运动员能力的效果，训练内容的选择要根据运动员的水平以便达到训练的目的。

3. 热身和恢复训练

赛前热身可安排个人和集体的练习。

热身活动1——协作（图3-5）

场地范围：标准比赛场地，具有2个罚球区和1个中圈。

队员人数：20（3~30）名。

组织形式：每2名队员1个球。所有队员在罚球区一侧开始练习。

练习方法：有球队员在罚球区内运球，无球队员在罚球区内自由慢跑。当有球队员与无球队员彼此对视的时候，相互跑位交叉掩护，例如，无球队员在交叉的同时将球运走。

当教练员指向中圈的时候，有球队员运球至中圈，其他无球队员则跑到中圈，继续进行运球交叉掩护练习。练习一段时间之后，教练员指向任何一侧的罚球区，所有队员按照相同的方式进入目标区域。这项练习也可达到针对其他技战术内容的练习目的［参见邦斯博（Bangsbo）与佩特森（Peitersen）所著《进攻足球》中有关战术内容的详细讲解］。例如：

战术因素

- 墙式二过一练习：当2名队员对视的时刻，有球队员传球给无球队员，后者直接将球准确地回传。进行几次传递之后，双方交换角色。
- 后套练习：无球队员从持球队员身后全速插上并超过持球队员，与此同时，持球队员将球传给插上的队员，后者继续带球前进。
- 进入空当接球练习：当无球队员与有球队员对视时，其快速跑入开阔地带并接传球。

技术因素

- 要求持球队员注意传球部位，如正脚背踢球。
- 传空中球，接球队员用头回传。练习一段时间后，接传球队员互换角色。
- 传空中球，接球队员用胸部停球（或大腿/足部）、控球，使练习保持连续性。

3. 热身和恢复训练

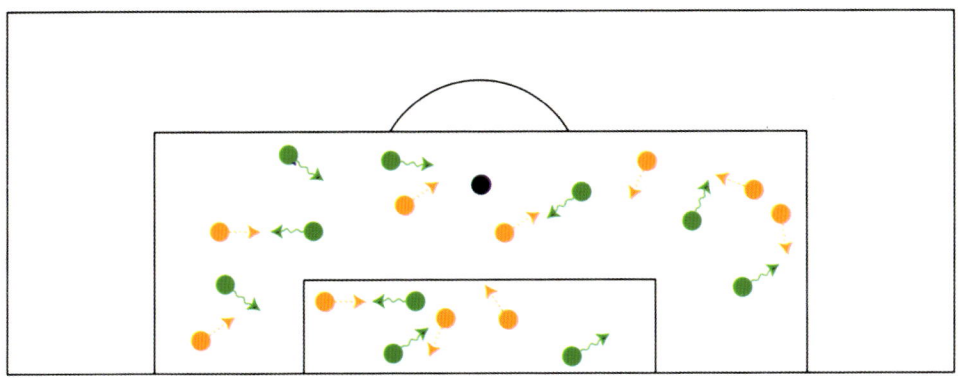

图3-5 协作

提高练习
- 有球队员运球绕过无球队员，当双方队员距离约5米时，有球队员用脚后跟传球给无球队员。

热身结束练习
- 无球队员试图抢夺有球队员的球，后者则竭力防守。在队员向罚球区或中圈跑动的过程中，也可进行球权的抢夺。

执教提示：此项热身活动的设计有助于运动员重复和提高技战术的能力。在热身活动进行过程中，针对运动员技战术方面的要求，训练内容难度的选择要适当，避免因此而增加热身活动的时间。训练内容的讲解要简短，可以边指导边进行练习。训练内容的设计可以从中速的简单运球开始。随着热身活动的进行，练习内容的强度也随之增加，尤其是队员在进行罚球区和中圈之间跑动练习的内容时。教练员可以通过控制运动员往返罚球区与中圈的频率，达到调节训练强度的目的。频率越频繁，训练强度越高。教练员给予队员跑动目标区域指示的目的，是训练其理解何时进行技术或者战术联系的能力。队员不能一直观察教练员，而是当看到另外一些队员开始向其他区域移动时迅速做出反应。

热身活动2——技术练习（图3-6）

场地范围：标准比赛场地，具有2个罚球区和中圈。

队员人数：20（3～30）名。

组织形式：每名队员1个球。所有队员在罚球区一侧开始练习。

练习方法：所有队员在罚球区内自由运球。当教练员指向中圈的时候，所有队员运球至中圈继续在此区域内运球。练习一段时间后，教练员指向任何一侧的罚球区，所有队员再运球到目标区域，以此类推。以下是针对不同技术因素的练习方法，可以用在练习中的不同时段。

- 运动员只允许用一只脚（左/右）的脚背内侧或脚背外侧运球。用脚底向后运球。运球5米变向，然后再运球5米。
- 运动员在运球过程中，根据教练员的指导或自我决定做出不同的假动作。也可以在面对一名同伴的时候做规定的假动作（2名队员做相同的假动作）。

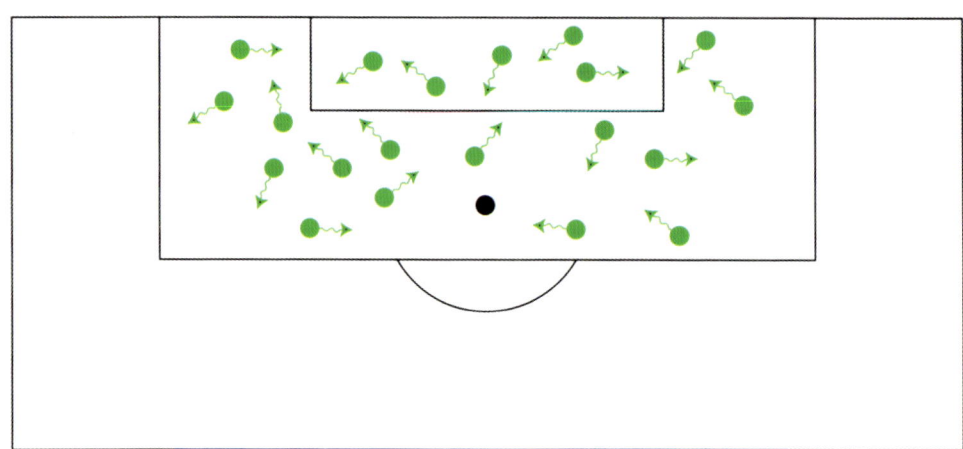

图3-6 技术练习

- 当教练员给予信号时，运动员依次用右膝和左膝触球，然后运球。队员共计触球4个后开始运球。可以结合不同的有球练习，如在球上跳跃5次，或者每只脚交替运球5次。

提高练习
- 运用不同的部位颠球，例如，让球在大腿和脚之间、两条腿之间或者腿和头之间转换颠耍。
- 将球踢到空中然后用头停球，或者将球踢到空中约3米高，然后停球，接球后放松运球，如此进行踢球、停球、运球。

热身结束练习
- 运动员尝试在不失去控球权的情况下，将其他队员的足球踢出练习场地。如果足球被踢出练习范围，该队员要全速去捡球然后运球回到练习区域内。

执教提示：此项热身活动的设计有助于运动员重复和提高技战术的能力。在热身活动进行过程中，针对运动员技战术方面的要求，训练内容难度的选择要适当，确保队员完成练习计划。因此技术讲解要简短，主要是在队员运球中给予其指导。开始阶段，队员应中速运球。随着热身活动的进行，训练强度逐渐增加，尤其是从罚球区到中圈运球的过程中。教练员给予队员跑动目标区域指示的目的，是训练其理解何时进行技术或是战术联系的能力。队员不能一直观察教练员，而是当看到另外一些队员开始向其他区域移动时迅速做出反应。

热身活动3——组对练习（图3-7）

场地范围：半个足球场。

队员人数：20（2~30）名。

组织形式：每2名队员一组，如10组。其中一名队员1站在场地中线的位置并持球，另一名队员2相距其5米。

练习方法：2名队员相互传球（保持在场区中线的位置）。2名队员逐渐相互靠近，然后再逐渐拉开（期间保持相互传球）。要求运动员运用规定的部位传球，如正脚背等或者要求用一只脚（左/右）。当教练员给出信号时，队员1向前移动，队员2后退，同时继续传球。当教练员再给出信号时，队员2向前，队员1向后，仍继续传球。当队员1回到场地中线的位置，2名队员停止移动继续传球。在移动过程中，可以采用其他技术动作的练习。例如：

- 后退的队员手抛球，另一名队员头顶球回传，或者用脚的各个部位回传球，或者先用脚、大腿或胸部停球再回传。
- 2名队员相互用脚传空中球，或者限制队员的触球次数。

训练方法的变化

- 队员1运球超过队员2时，用脚后跟传球给队员2。然后队员2运球超过队员1时，用脚后跟传球给队员1，以此类推。
- 队员1传球给队员2，后者接球转身运球，但队员1快速跑动超过队员2时，放慢速度接队员2的传球后运球，以此类推。

提高练习

- 队员1传球越过队员2，后者转身追球，队员1传球后跟着队员2的方向移动。当队员2接球转身后，传球越过队员1，后者转身追球，以此类推。

3. 热身和恢复训练

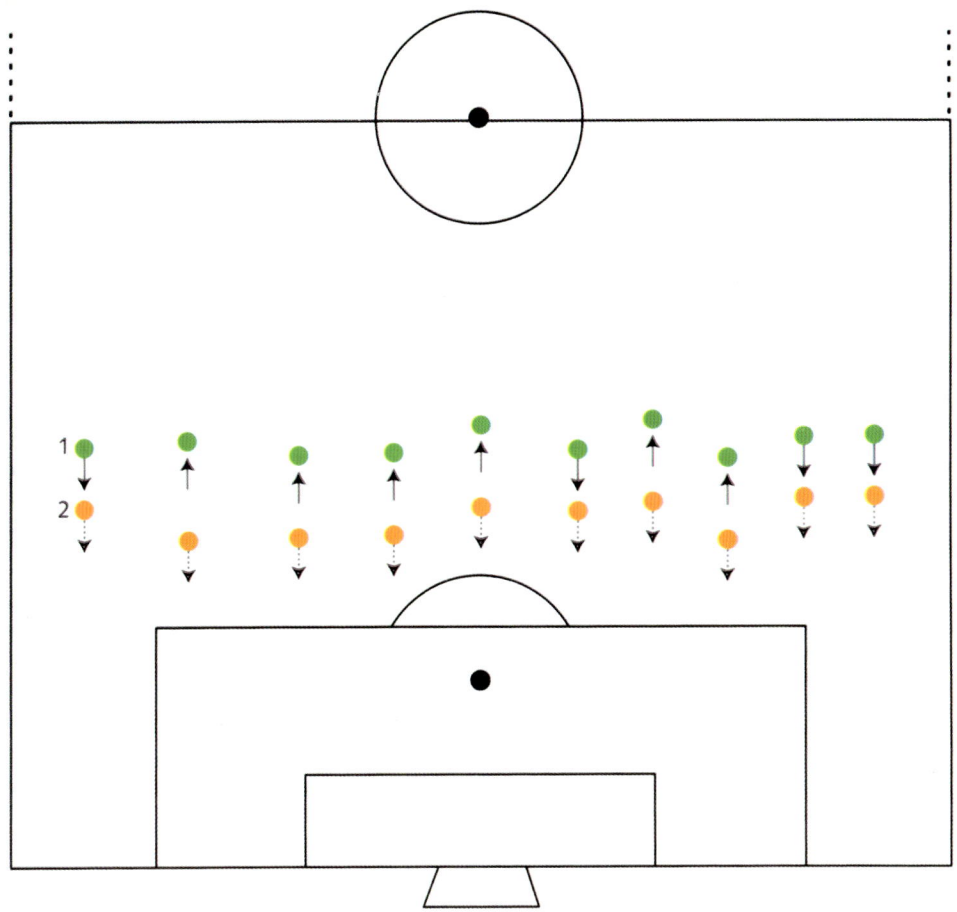

图3-7 组对练习

执教提示：非常重要的是，确保运动员在场地中线区域传球时保持积极和主动。技术练习内容的选择应确保达到训练的强度。如果在练习中球被踢出练习场地外，在队友捡球时，另外一名队员要继续前后跑动直到队友捡球回到规定位置。通过采取训练方法变化的形式，或者运用其他有球的练习方法，达到逐渐增加训练强度的目的。教练员要针对技术因素给予指导。

热身活动4——对抗练习（图3-8）

以下介绍24名队员，包括2名守门员的有球热身练习。该训练方法分为3个阶段，训练强度会随之增加。训练时间为30分钟，也可通过缩短每个阶段的时间，达到减少该项训练的总长度。

第1阶段（6分钟）

a. 所有队员2人一组（守门员组成1组），前后移动，相互传球。也可做运球中的交叉掩护或后套练习。第1阶段的练习时间约5分钟。

b. 之后要求队员进行1分钟的拉伸练习，每个拉伸动作保持几秒钟的时间。

第2阶段（12分钟）

将练习场地划分为几个区域（队员不能进入阴影区域，参见图3-8）。每6名队员分成一组，场地划分为10个区域。

a. 4名队员进攻，2名队员防守（4对2），2名防守队员要求触到球。如果防守队员成功地触到球，就与传球队员互换攻守的角色。进攻方若将球传到区域之外，也要与防守队员互换角色。所有队员一次只能在1个区域内进行攻防练习。如果球被传到其他区域，所有队员必须全部移动到该区域内，才能再将球传到其他区域。训练时间总计为5分钟。

b. 3对3练习。双方队员要尽可能长时间控制球权。若控球一方在防守，另一方未触球的情况下，连续传球10次即得1分。与a练习相同，所有队员一次只能在1个区域内进行攻防练习。训练时间总计为5分钟。

c. 队员进行2分钟的拉伸练习。

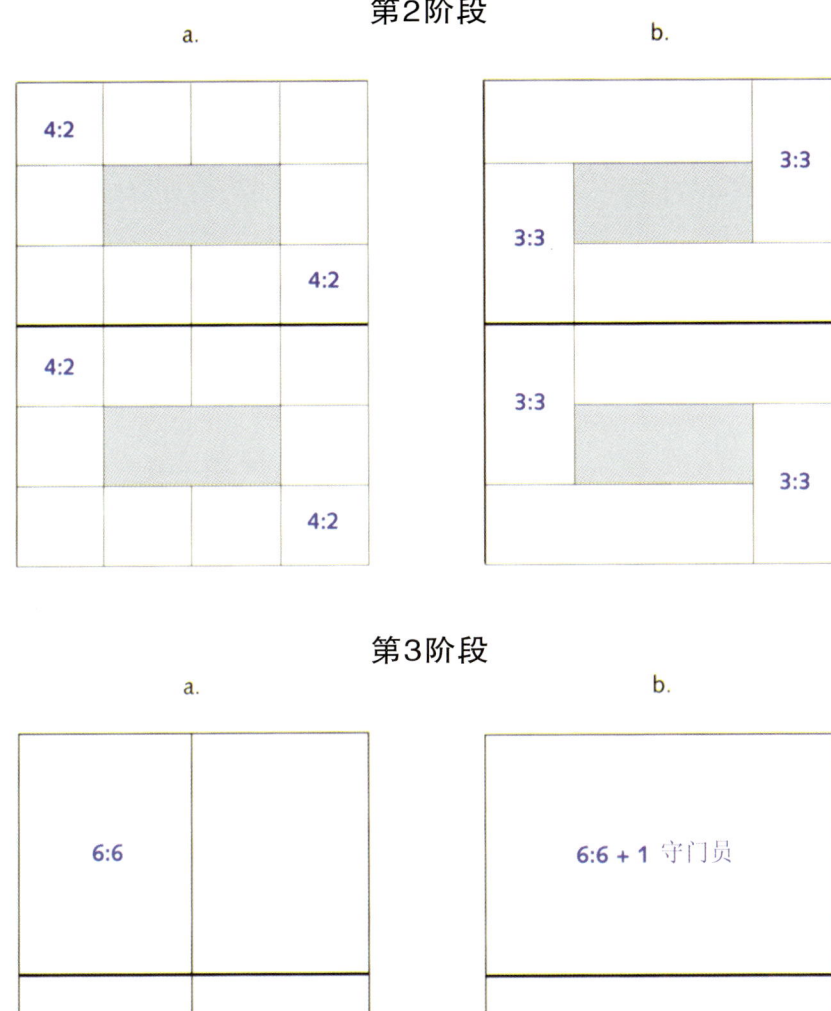

图3-8 对抗练习

图中显示热身训练的第2和第3阶段的组织方法。共有24名队员，其中包括2名守门员。第2阶段练习时，练习场地被划分为10个区域。第1种练习方法（a）4对2，第2种练习方法（b）3对3。第3阶段练习时，练习场地被划分为4个面积相同的区域。第1种练习，6对6，使用1/4的场地，第2种练习，6对6加1名守门员，使用1/2场地的区域，另外一侧区域进行5对5加1名守门员的练习。

第3阶段（12分钟）

a. 练习场地被划分为4个面积相同的区域（参见图3-8）。12名队员为1组，使用2个划分区域（场地的一半）。6对6的攻防练习，双方队员要尽可能长时间控制球权。若控球一方在防守一方未触球的情况下，连续传球10次即得1分。所有队员一次只能在1个区域内进行攻防练习。训练时间总计为5分钟。

b. 6对6和5对5，队员各自在1/2场地内进行攻防练习。各自加入1名守门员。控球方将球传给守门员，守门员接球后将球掷给同队的队员即得1分。训练时间总计为5分钟。

c. 队员进行2分钟拉伸练习，每个拉伸动作保持10~15秒钟。

在热身活动中安排不同的有球练习。

3. 热身和恢复训练

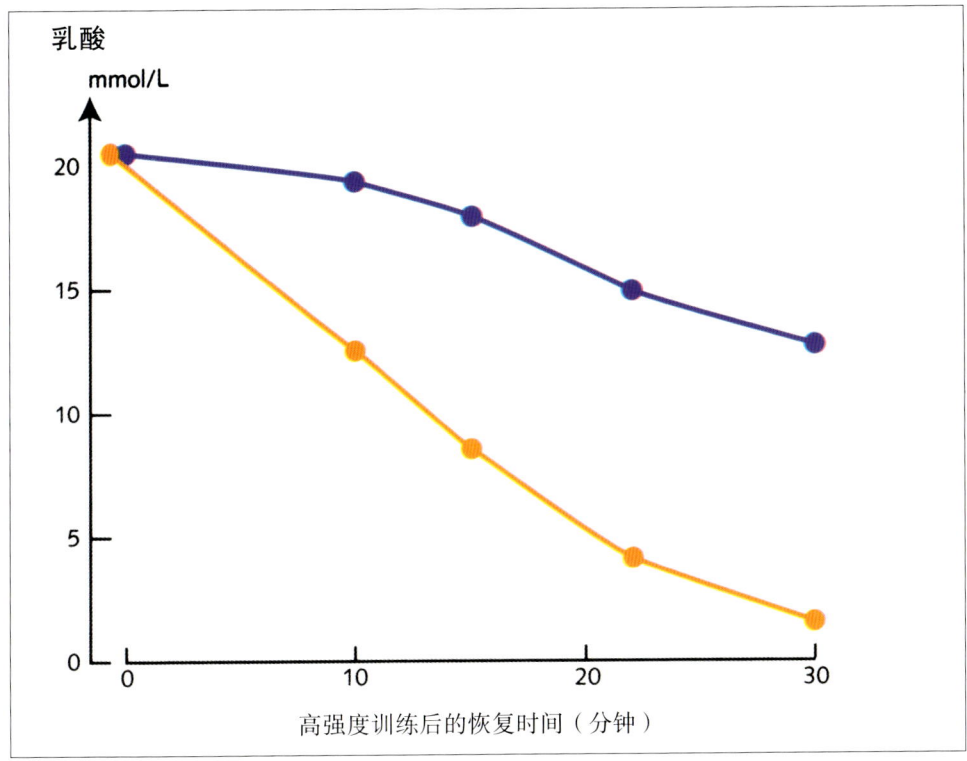

图3-9

图中数据显示，在高强度训练后进行积极性（●"慢跑"）和消极性（●）恢复练习后血乳酸的浓度。通过积极性恢复练习，乳酸浓度下降得更快。训练结束30分钟后，通过积极性的恢复训练，血乳酸浓度基本达到了正常状态。但是如果只进行消极性的恢复训练，30分钟后，消极性恢复训练比积极性恢复训练后的血乳酸浓度高出10倍，甚至更多。

恢复训练

训练或比赛结束后，运动员应进行包括慢跑和拉伸练习的恢复训练。

慢跑

在比赛或高强度的训练中，肌肉中的乳酸会大量堆积。适当的恢复训练能加快排除乳酸的速度。图3-9的数据显示，在进行低强度的跑动中，血液中乳酸含量下降的速度比静止休息时至少快3倍。更快的恢复速度解释了为什么要在训练或比赛结束后进行低强度训练，如慢跑或者5分钟小范围消极性防守练习。

拉伸

拉伸的定义是指人体保持一定的姿势，肌肉被充分牵拉至少15秒钟。足球运动员需要具有很高的灵活性，否则会影响其表现，也会由于在比赛中过度的动作导致肌肉拉伤。

球员拉伸时教练员有机会与其交流。

3. 热身和恢复训练

在足球比赛中，腿部肌肉会很大程度地收缩，肌肉需要经过两天以上的时间才能完全恢复正常的水平。如果经常进行训练和比赛而不进行拉伸练习，就会导致肌肉永久性变短。因此，在比赛和训练后进行针对足球专项所用肌肉群的拉伸，有助于肌肉长度的恢复。

如何拉伸

在拉伸过程中，肌肉组织的两端被逐渐拉长。例如，通过向后臀肌方向屈腿和推压膝关节同时髋关节向前的动作，达到拉伸股四头肌的目的。

下面介绍几种拉伸练习的训练方法（更多内容请参见《足球训练中的肌肉练习方法》）。以下是简单有效的拉伸方法说明。

肌肉逐渐充分拉伸并持续10秒钟，之后再轻微拉伸并持续10秒钟。

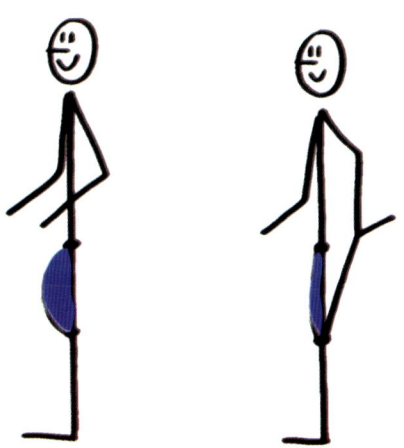

拉伸时的注意事项：

- 肌肉温度必须较高。
- 拉伸时动作不要过快，慢拉、慢放。
- 始终保持上体直立，拉伸时要一腿屈，一腿伸。
- 与其他人一起进行拉伸时，注意动作的准确性和安全性。

在肌肉被拉伸的前后，都要给予肌肉一定的刺激。例如，在拉伸股四头肌的前后，运动员可以做轻微的踢腿或者跳跃动作。这样可以确保肌肉在拉伸练习中，始终保持较高的温度。

运动员不要在离开休息室后立即进行拉伸，因为此时肌肉温度已降低，受伤的可能性很高。同样，运动员在热身过程中应只进行轻微的拉伸练习。在热身活动或训练后进行最大限度的拉伸练习。

拉伸练习

以下介绍6种简短且有效的、针对足球运动员的拉伸练习。每一动作练习拉伸时间保持约20秒钟，在各种拉伸方法变换中间歇时间要一致。拉伸练习进行大概4分钟。如果还需进行拉伸，可使用其他的方法或重复所做过的动作。

小腿肌肉

将被拉伸腿的脚后跟向地面压，并保持髋关节的高度。

股四头肌

屈膝，用手抱住脚，将脚后跟向臀部推压同时髋关节向前送。

腘绳肌

一条腿伸直并翘起脚尖，另一条腿屈膝。上体基本保持直立，同时臀部向下压。如异侧手臂向前伸展，臀部可继续下压。

大腿内收肌

一条腿向前屈,另一条腿向侧面伸展。双脚向前紧贴地面。慢慢将臀部向下压。上体保持直立(向前微斜)。不要用手推压向侧面伸展的腿。屈腿的膝关节必须与脚尖方向保持一致(不应扭屈膝关节)。

腹肌深层

一腿向前屈(膝关节与踝关节保持垂直),另一条腿位于身体后方,半屈,膝关节着地。位于后方大腿一侧的髋关节向前送。部分腘绳肌会被拉伸,同时腹肌深层也会被充分拉伸。通过经常性地拉伸腹肌深层,将会降低腹股沟受伤的几率,但是此项练习会经常被运动员所忽略。

臀部肌肉

两腿相交,用异侧手臂小心推压膝关节和大腿。另一只手臂可以放松,也可以放在身后给予支撑,这样也会增加练习难度。保持上体直立。可以弯曲前臂或用同侧手臂推压,达到简化练习的目的。

热身结束后应拉伸肌肉。

恢复训练的适应性

通常运动员在训练或比赛后会直接回到休息室。他们需要一定的时间来改变这个问题，接受和培养在训练和比赛后进行恢复训练的习惯。因此，在开始阶段，恢复训练的内容要便于完成并由教练员带领完成，同时教练员要不断强调进行恢复训练的意义。只有运动员意识到恢复训练的意义时，他们才会自觉地进行恢复练习。

总结

在比赛和训练前，运动员应进行热身活动，以达到提高竞技表现的目的，同时降低损伤的可能性。热身活动内容的设计应在技术层面上便于运动员完成，练习强度由低到高逐渐增加。比赛和训练之后，运动员还要进行恢复训练从而达到最大限度恢复的目的。

4. 训练课组织

本章节将具体介绍实践训练的方法。解释心率的定义以及在训练中监测运动员心率的目的和方法的理论依据，以及说明在训练中如何设计和调整训练强度的原则及方法。

什么是心率

心脏的作用是将血液输送到全身各个部位。心率是指心脏每分钟搏动的次数。在安静状态下，心率大概为60次/分（beats/min）。优秀长跑运动员在相同状态下的心率会更低，最低可达到30次/分以下。训练中，心率会根据训练强度的变化而变化。20岁左右的年轻男性和女性最大心率可达到200次/分。但是，相同年龄段人群的心率也会有较大不同。在针对年龄16~19岁的男生和女生的研究中，最大心率的范围从180次/分到230次/分不等。年龄与最大心率成反比。例如，20岁时最大心率为195次/分，可能60岁时最大心率只有175次/分。

训练会对运动员的心率产生影响。有氧训练会提高心脏每次搏动时所输出的血液量（每搏输出量），所以心脏虽然能够减少搏动次数，但却输出相同的血液量。因此，在进行一段时间的相同训练强度后，心率将会逐渐降低（参见图4-1）。但是训练却无法对最大心率产生影响。

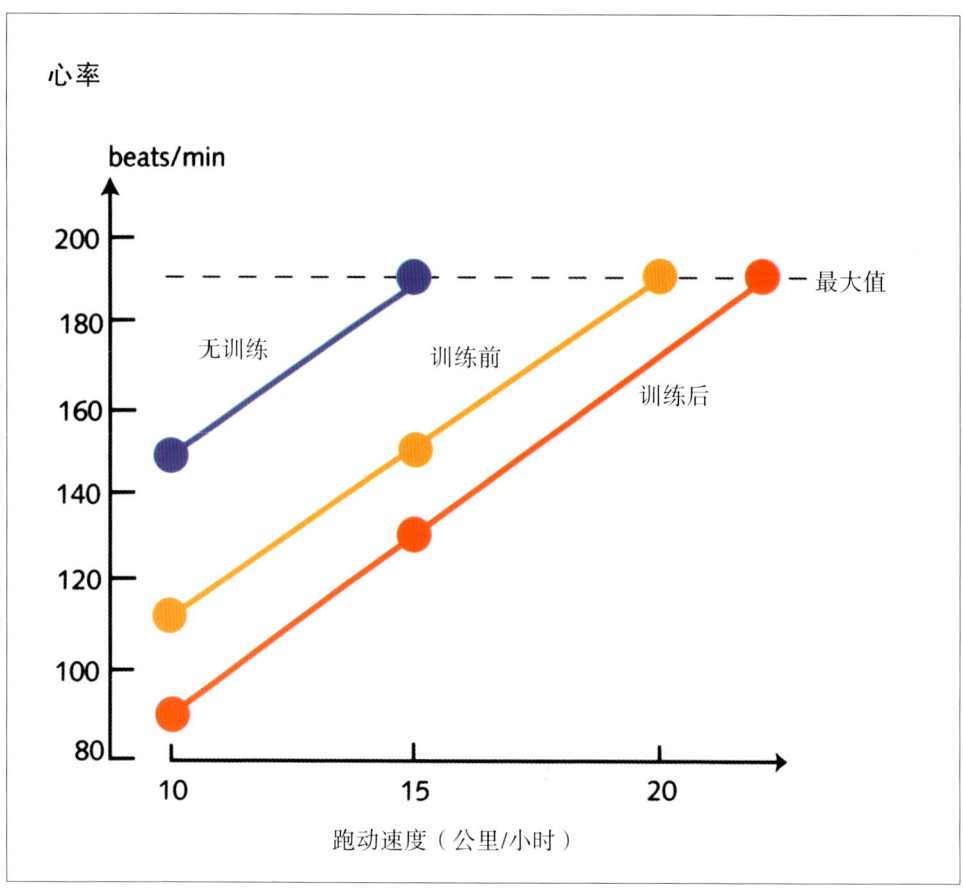

图4-1

图中显示了训练对心率的影响。运动员训练前和训练后3种不同跑动速度的心率测试结果显示，通过一段时间的训练，在进行前两个跑动速度的测试时，心率较低，但是在进行最快速度测试时心率却保持不变。为达到对比的目的，图中也显示了和运动员有相同最大心率值却没有接受过训练的测试者的结果。

如何检测心率

通过测试人体腕部桡侧动脉或颈部大动脉的脉搏数进行心率的检测（参见图4-2）。每分钟心脏搏动的次数即是心率。测量6、10、15、30秒钟不同时间的测试。得到结果后，分别乘以10、6、4和2，以便测试每分钟的心率（参见表4-1）。测试的时间长，出现误差的几率就小。另外，由于心率在训练结束后会迅速下降，为检测训练期间的心率，可在训练结束后马上进行15秒钟的测试。

重要的是运动员不仅要能够测试自己的心率，同时也能够测试其他人的心率。当运动员学会测试方法后，心率的测试就能够快速完成。

为确保训练的效率，在训练结束时立即测试心率会更加准确。教练员可以给予运动员信号"3-2-1"倒数计时，或者"开始"的命令进行15秒钟的心率测试。教练员在发出"开始"命令的同时计时，运动员检测心搏次数。第一次心搏不计算在内。15秒钟后，教练员给予运动员信号停止计数，并将结果乘以4后得到每分钟心搏次数。教练员可告知运动员正常的心率范围。通过此方法，运动员能够知道自己是否达到了预期的训练强度。另一种测定心率的方法是使用心率监测仪，可以不间断地测试并同时存储运动员在训练过程中的心率数据。因此，全部训练过程中的心率都可以得到检测。

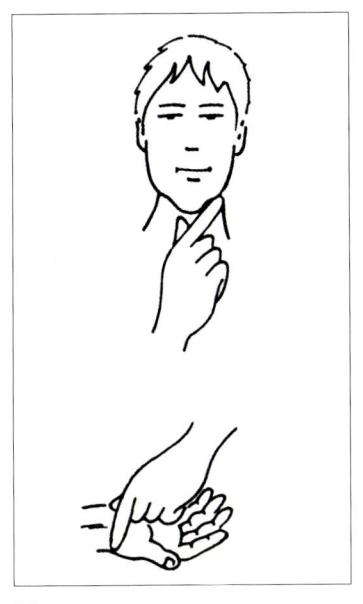

图4-2

图中展示了两个测试心率的部位。不要同时按住颈部的两侧。

表4-1　心率计算方法

计时	系数	计数=次数×系数	=心率
6秒	10	16×10	=160次/分
10秒	6	27×6	=162次/分
15秒	4	40×4	=160次/分
20秒	3	54×3	=162次/分

现代遥感设备能够监测球员在训练和比赛中的心率。

训练强度和心率

在训练中,心率会随着训练强度而发生变化,因此心率测试就可以用作衡量各种足球训练方法强度的标准。运动员的比赛强度通常有很大不同。这取决于运动员在场上的位置以及控球的时间长短。但是,在一定程度上心率也反映了比赛强度的差别。图4-3显示了一名运动员在3/4场地内进行7对7对抗训练中心率变化的例子。它说明了测试心率的时机是十分重要的。心率从102~178次不等。可能注意到运动员的心率在102次/分时，训练强度过低，在178次/分时则过高。但是这两种情况都是不正确的，因为运动员的平均心率是152次/分，这是在比赛中较为理想的心率值。所以，为测试运动员在练习比赛中的平均训练强度，心率测试应在比赛中的不同阶段进行。

为了充分了解心率的测试方法，运动员的心率测试可以在比赛中的不同时段进行，可将结果与图4-3的结果相比较。

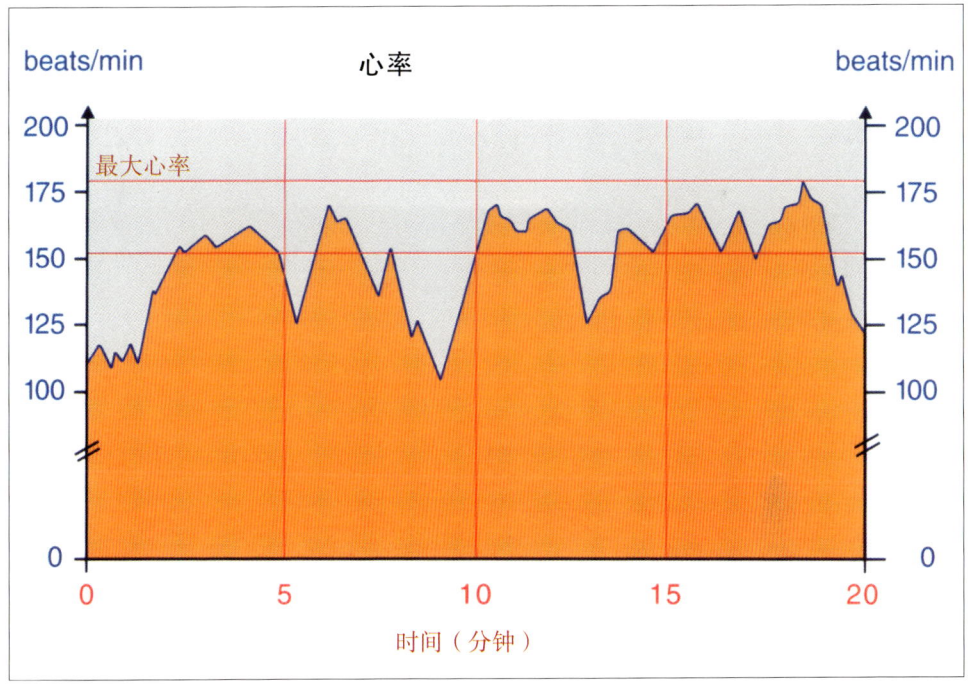

图4-3

图中显示了运动员在进行半场范围内7对7对抗练习中心率的变化。注意其中心率的最大变化。平均心率是152次/分。

监测心率的目的

心率测试的结果能够反映运动员在训练和比赛中的表现，以及用于评价是否达到预期的训练目标。心率测试尤其有助于检测运动员是否达到高强度的训练效果。在训练中进行经常性的心率测试，能够刺激运动员不断地努力。但是，在进行心率测试之前也要考虑以下几点：

最大心率

为了获得训练中的心率测试最佳效果，非常重要的是了解每一名运动员的最大心率值。例如，某运动员最大心率是180次/分，在训练比赛中监测到其心率达到170次/分，说明训练已达到很高的强度（训练强度达到最大心率的94%）。但是，对于最大心率是230次/分的运动员，则较为轻松，因为170次/分的心率只是最大心率的74%。

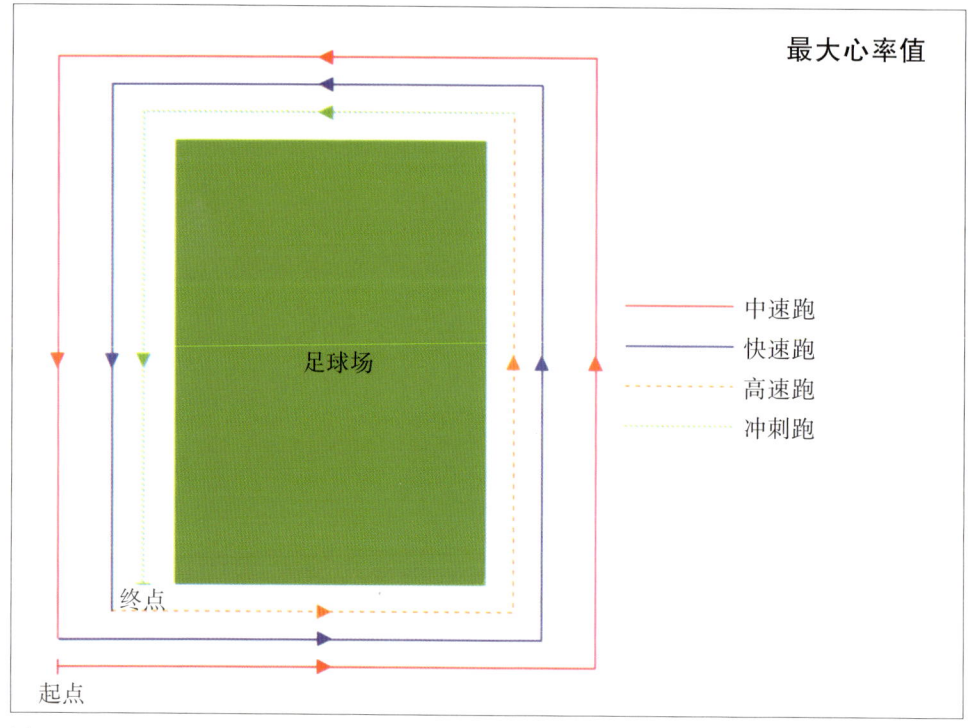

图4-4

图中说明运动员最大心率的测试方法。

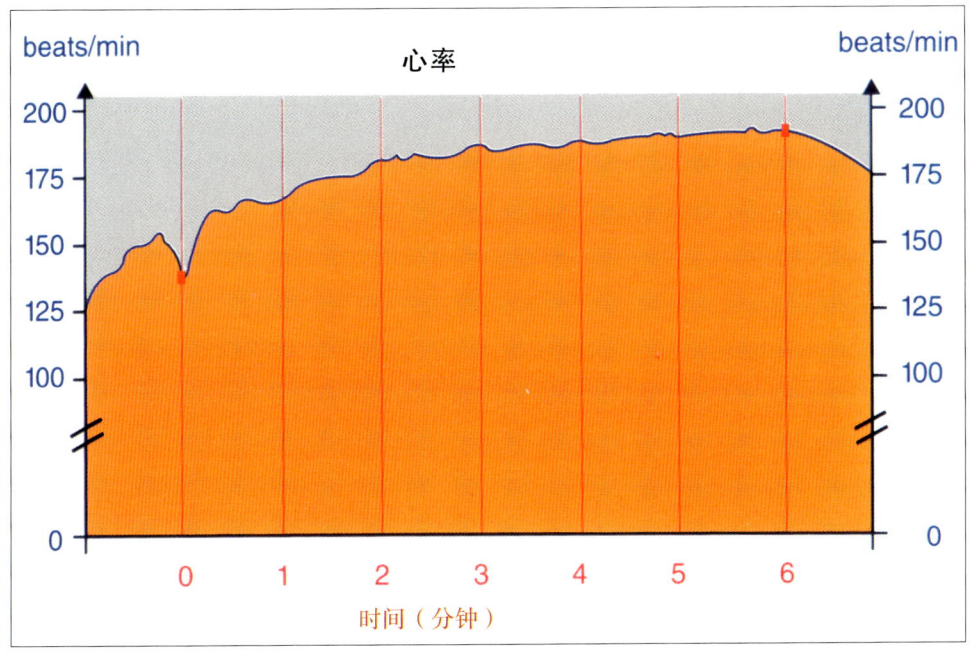

图4-5

图中显示，在热身活动结束后进行为时6分钟的最大心率测试中，测试者的心率变化。值得注意的是其心率逐渐增加，在测试结束阶段达到最大值。

运动员的最大心率可以通过以下测试方法得到结果（参见图4-4）。

运动员以大约2分钟完成一圈的中等速度围绕足球场跑4圈（或者进行其他的热身内容）。然后以更快的速度跑一圈（90秒内），之后在40秒内跑半圈，后半圈全速完成，大约30秒。测试结束后，立即对运动员进行15秒的心率测试，结果乘以4得到每分钟的心率。每名运动员会在11分钟左右完成测试。如果运用其他的热身方法，测试的时间将会缩短3分钟。如果对全体队员进行测试，每名队员间隔30秒开始进行测试，所以20分钟内（包括进行热身活动），16名队员可以完成测试。图4-5的例子显示，在这种最大心率测试中，测试者心率的变化。

另一种测试运动员最大心率的方法是，在结束一组预期最大强度训练后立即测量测试者的心率。但是，该测试方法要重复进行，已确保最大心率的准确性。

运动员的最大心率不会因为在赛中训练阶段的变化而改变，但是会随着运动员年龄的增长而降低。所以一年之中只需对运动员进行一次最大心率的测试。

监测心率的时机

教练员对每一节训练课要做充分的准备，如训练组织、训练指导和训练中的观察，所以心率的监测似乎是给教练员增加了没有必要的工作负担。但是，可以在运动员及教练员接受心率测试过程及方法后再频繁地进行测试。开始阶段，教练员可以有选择性地在训练中进行心率测试。当得到相同训练中运动员的心率值后，就可进行随机抽查。

有时，心率也要在比赛中进行监测，目的是测试除身体技能外其他的指标。利用这种方法，教练员就可以得到有关比赛对提高运动员身体技能方面的很有价值的信息。

需要注意的是，训练或比赛的实际强度会受到很多因素的影响，如运动员的动机、技术水平、场地条件。还有，如果运动员能够更好地将注意力集中在练习上，训练效果会保持在更高的水平。

训练计划

在以下章节中将会对几种训练方法进行说明。有关内容将会被分成以下几部分。

练习区域
练习区域是指训练使用场地的范围。实际范围取决于运动员的人数。场地区域会在图中标准足球场标出范围。为便于训练前的准备，尽可能地利用足球场中原有的界线划分场地。

练习人数
为达到训练预期效果而选择运动员人数的建议已在文中作了说明。运动员人数的变化也已在括号中指出，但仅作为参考，这并不意味着选择较少或较多的运动员就达不到预期的训练效果。如果运动员的人数有所改变，练习场地的范围也要随之改变。

以下是运动员人数的表示说明（用5数字举例）：

5V5（共计10名队员——两队各5名队员）是指两队各5名队员进行对抗练习。

5V5+2名守门员（共计12名队员——两队各6名队员）是指两队各5名队员进行对抗练习，各队均有1名守门员。

5+5V5（共计15名队员——3队各5名队员）是指其中两队各5名队员，共10人与第三队进行对抗练习。

5+5V5+5（共计20名队员——两队各10名队员）是指每队10名队员分成2个5名队员的分队，轮流进行练习。双方各有5名队员进行对抗练习，其他队员休息。练习一段时间后，进行交换。

2×5V5（共计20名队员——两队各10名队员）是指每队各有5名队员进行对抗练习，其间，每队剩余的5名队员在另一区域内进行5对5对抗练习。

练习组织

首先说明训练开始阶段运动员的位置，然后再提出训练各阶段间转换的建议。

练习说明

训练方法由简到详逐一说明。

练习规则

说明训练方法的规则。如果没有任何附加规则，就按照正常足球比赛规则进行练习。

限制队员触球次数的规定。至少两次触球，是指队员每次接球后必须不少于触球两次；最多两次触球，是指控球后队员触球不能超过两次。如果一队违反训练中所制定的规则，另一队就拥有控球权。当一队得球后控制球权，控球方的两名队员要连续触球。

得分方式

训练中计算比分的方法，可以按照正常比赛中射门得分或通过得分点的方法计分，或采用最终结果的计算方法。

一些得分的方式能够使运动员更加兴奋。为使训练自始至终保持这样的效果，教练员要始终遵守训练制定的规则并准确记录比分。也可让运动员自觉地按照规则进行练习并记录比分。

练习种类

练习可以分为持续性和间歇性。持续性训练是在一段时间内进行强度较为一致的练习。在间歇性练习中，训练强度会有很明显的改变并且有间歇时间。在进行间歇训练时，练习时间和间歇时间应加以说明。根据不同的要求，说明的方法也会有所不同。

练习变化

对训练方法的变化要进行说明。训练内容的变化可以简单地改变训练方法或者调节训练强度。

执教提示

在向运动员讲解如何进行训练课的内容时，应提出建议，尤其是针对具有练习目的的训练课。预期的训练强度也要加以说明。教练员在训练过程中观察是否达到预期的训练强度。

如果未达到预期的训练强度，可能是因为运动员没有完全理解训练的目的。此时，教练员要再次说明训练的原则及方法，并要详细说明练习中可能出现的问题。也许运动员需要更多的时间去完全适应训练方法。同样的训练方法可能不会对所有的队员都有效。这就要对训练方法进行调整，例如，改变队员人数、改变训练场地的大小，或者限制触球次数。也可针对不同训练方法，根据建议改变其训练强度。对训练内容的变化可能产生相应的效果也应加以说明。

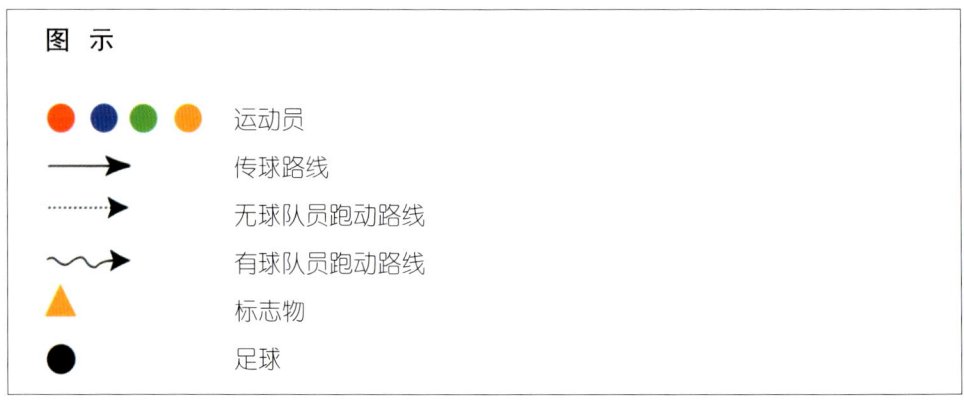

4. 训练课组织

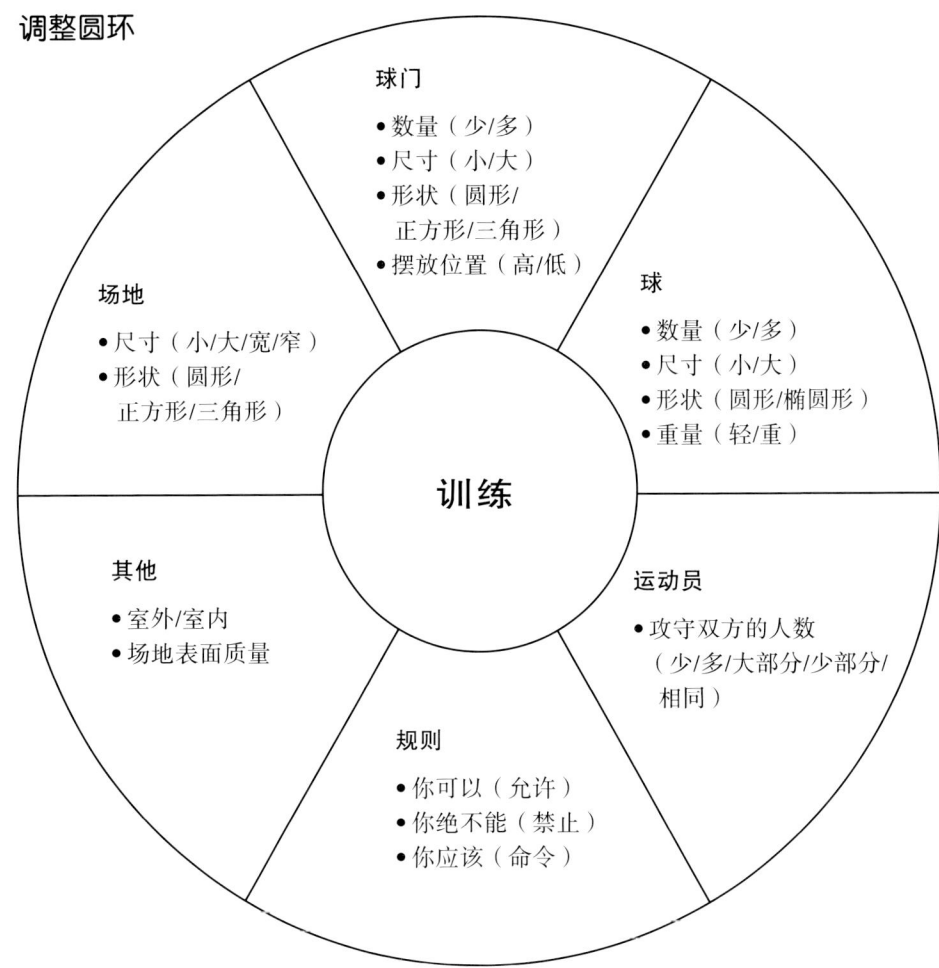

图4-6

图中显示了调整圆环的内容，说明训练计划中可以改变的部分，从而达到调整训练强度的目的。

训练计划的调整

如果无法达到训练的预期效果，就需要调整训练计划。在身体练习中的训练强度是需要严格控制的。调整训练计划的方法有很多，这在训练内容讲解的部分已经举出了部分例子。一种是改变训练的要求，如所有的进攻队员在本方得分时必须位于前场区域内。"调整圆环"（参见图4-6）说明了训练计划中可以调节的部分，图4-7显示通过使用"调整圆环"后的训练效果。在1/2场地区域内进行的7对7对抗练习中，限制运动员2次触球，就会导致其平均心率从152次/分上升为163次/分。

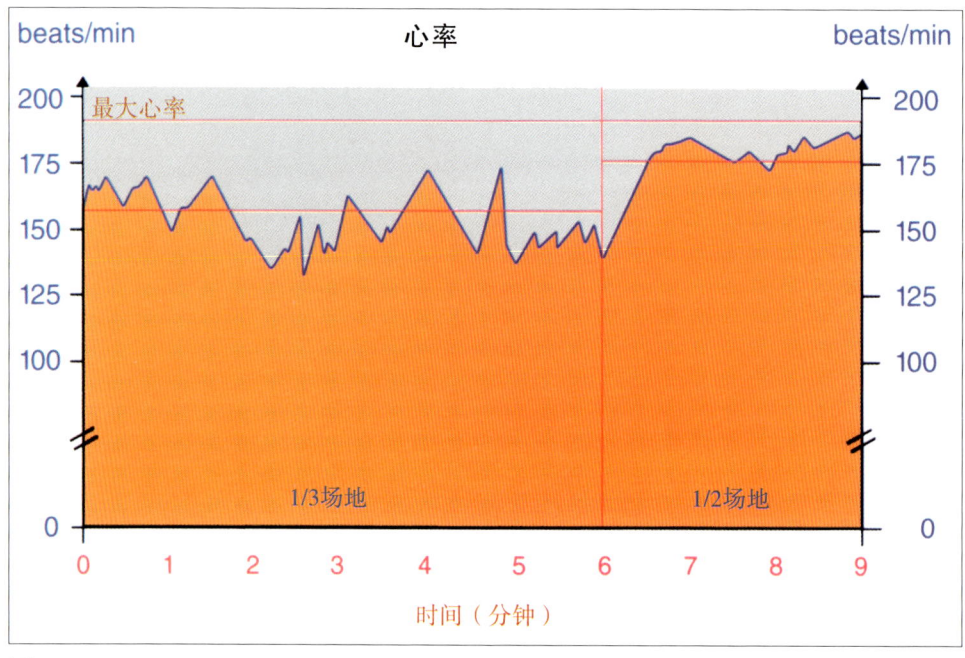

图4-7

图中显示，一名运动员在1/3场地内进行5对5对抗练习时的心率。在扩大场地范围至1/2后，心率平均上升了14次/分。因此，通过改变练习中的要求，运动员的整体训练效果会得到提升（参见图4-6）。

总结

心率测试可用于检测训练的效果，但是要考虑在相同训练项目中运动员心率的变化，以及他们的最大心率值。在本章中对如何调节训练的强度，也作了说明。

5. 有氧训练

有氧训练的目的

- 提高氧气传输能力
- 提高肌肉在长时间的练习过程中利用氧的能力
- 提高在一段高强度运动后快速恢复能力

有氧训练的作用

有氧训练后运动员的生理学的适应性变化：

- 通过有氧训练后，运动员的总血量会有所增加，心脏会变得更大、更强壮，单位时间的血输出量更多。由此更多的氧气会运输到组织器官，从而提高高强度运动时有氧能量的产生。
- 提高肌体利用氧和氧化脂肪的能力。这就意味着，运动员在进行特定强度的运动时消耗的碳水化合物（糖原）更少，有限的能量作为备用储备在身体内。

有氧训练对足球的作用：

- 有氧供能系统可以提高运动所需要的大部分能量，运动员可以在长时间的运动过程中保持更高强度的活动。
- 耐力水平的提高，可以为运动员在整场比赛中进行更高强度的活动提供保障。

- 在进行了一段高强度运动后，运动员恢复的时间更短，从而使运动员在随后的比赛过程中能够以最大能力进行运动。

有氧训练有助于运动员在比赛中保持技术能力，防止由于疲劳导致的注意力下降，特别是在比赛临近结束前的一段时间。

有氧训练分类

有氧训练可以被分为3种互有重叠的方法：有氧低强度训练、有氧中强度训练和有氧高强度训练（图5-1）。

由于有氧训练主要是以结合球的形式为主，因此，球员在训练中的心率是处于不断变化之中的。图5-1是不同有氧训练类型的基本原则。教练员可根据时间的长短来判断训练类型。任何练习，无论是持续15分钟，还是持续90分钟，都会对有氧能力产生一定的影响。

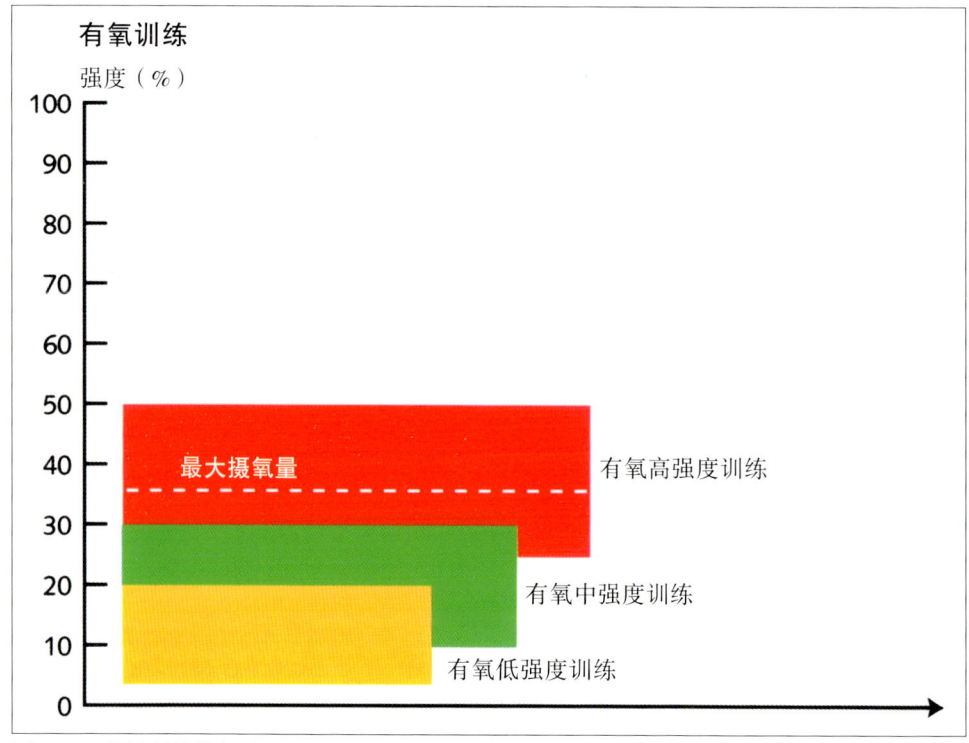

图5-1 有氧训练的组成。

表 5-1 有氧训练原则

	心率		
	最大心率百分比		
	平均心率	平均心率范围	平均*（次/分）	范围*（次/分）
有氧低强度	65%	50%~80%	130	100~160
有氧中强度	80%	65%~90%	160	130~180
有氧高强度	90%	80%~100%	180	160~200

*假定运动员的最大心率为200次/分。

有氧低强度训练

目的

提高比赛后或高强度训练课后的恢复速度。

足球专项有氧低强度训练

在足球比赛或高强度训练过程中，结缔组织和肌纤维可能会出现细微破裂。如果出现这种情况，数天内会使肌肉产生僵硬的现象，从而导致运动表现下降、糖原再补充受限。常见症状是运动员局部肌肉酸痛。

在进行有氧低强度训练时，运动员要进行适当的身体活动，如慢跑和低强度比赛。这种训练有助于肌肉恢复、减少肌肉酸痛。采用有氧低强度训练也可以避免过度训练情况的发生。在整个赛季中，运动员不仅要进行高频率的训练，还要完成比赛，在很多情况下，运动员的身体都处于没有完全恢复的状态。在这种情况下，教练员应该安排有氧低强度训练。有氧低强度训练就其功能而言，也被称为恢复性训练。

有氧低强度训练也有心理方面的作用。运动员在高强度运动后不仅需要身体上的恢复，还需要心理上的恢复。通过低强度活动或非常规采用的训练手段可以使运动员身心得到恢复。

训练原则

在有氧低强度训练中，运动员的心率反应

平均心率：最大心率约为65%

心率范围：最大心率范围为50%~80%

如果运动员的最大心率是190次/分，则

平均心率：约为120次/分

心率范围：90~150次/分

运动员训练时的心率，不应当过多地超过原则上要求的上限。

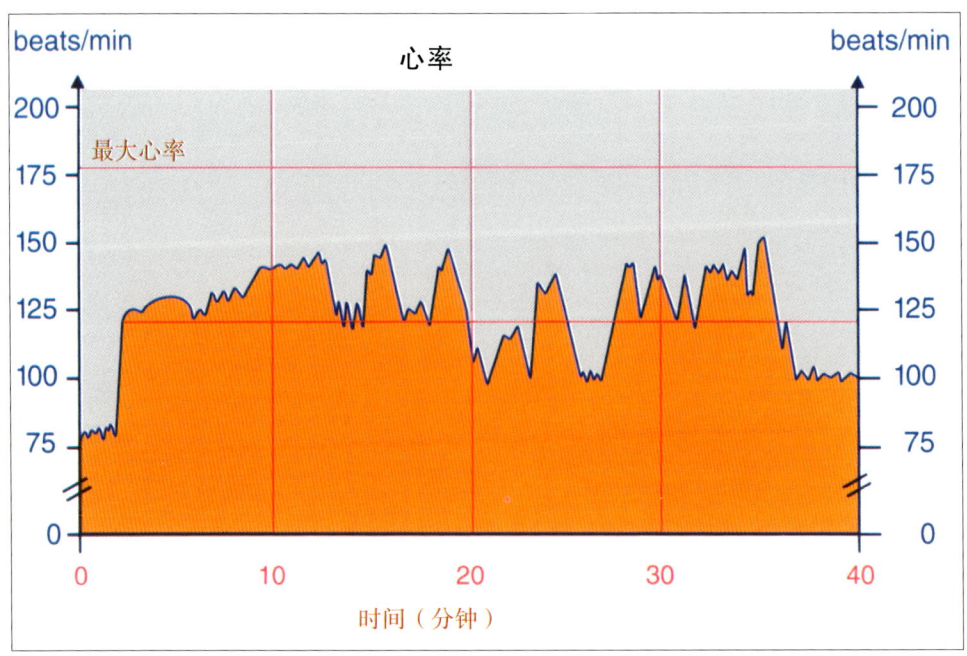

图5-2

图中显示，一名运动员在40分钟有氧低强度训练过程中的心率反应。练习中运动员的平均心率为125次/分，心率在100~150次/分的范围。

　　有氧低强度训练既可以采用持续的方式，也可以采用间歇练习的方式进行。如果采用间歇训练的方式，练习时间应该超过5分钟。图5-2为某运动员采用有氧低强度训练时的心率反应。

5. 有氧训练

有氧低强度训练。

练习组织

在比赛或大强度训练课后，是否需要安排有氧低强度训练主要看队员的个人情况，以及运动员个人在之前比赛或训练中投入程度。有些运动员即使在比赛或高强度训练课后，也能够进行强度更高的练习。因此在练习的选择上，教练员要考虑运动员的个人情况。为了保持运动员的训练动机，对于那些不希望在比赛后进行训练的队员，作者建议教练员安排全队集体热身。

有氧低强度训练方法

在进行有氧低强度练习时，教练员最好采用那些对酸痛肌肉没有强烈刺激的、没有身体对抗的练习。无球有氧低强度练习一般包括20~40分钟慢跑。下面介绍两种无球有氧低强度练习方法示例。

练习1——足式槌球（图5-3）

练习区域：1/2足球场。

练习人数：14（2~24）名。

练习组织：将运动员分成2队。每队各持1个球从任一障碍处出发。两队同时出发。

练习说明：每队队员协同配合，轮流踢球，队员相互传球穿越障碍。

练习规则：有3种不同的方式穿越障碍。

    1. 2个标志桶：球从2个标志桶之间穿越。

    2. 方块场地内放置4个一组的标志桶：队员首先持球沿一个方向穿越方块场地，然后再从另一方向对角穿越。

    3. 4个标志桶加一个标志杆：队员将球从标志桶间踢过，一次触球击打标志杆。

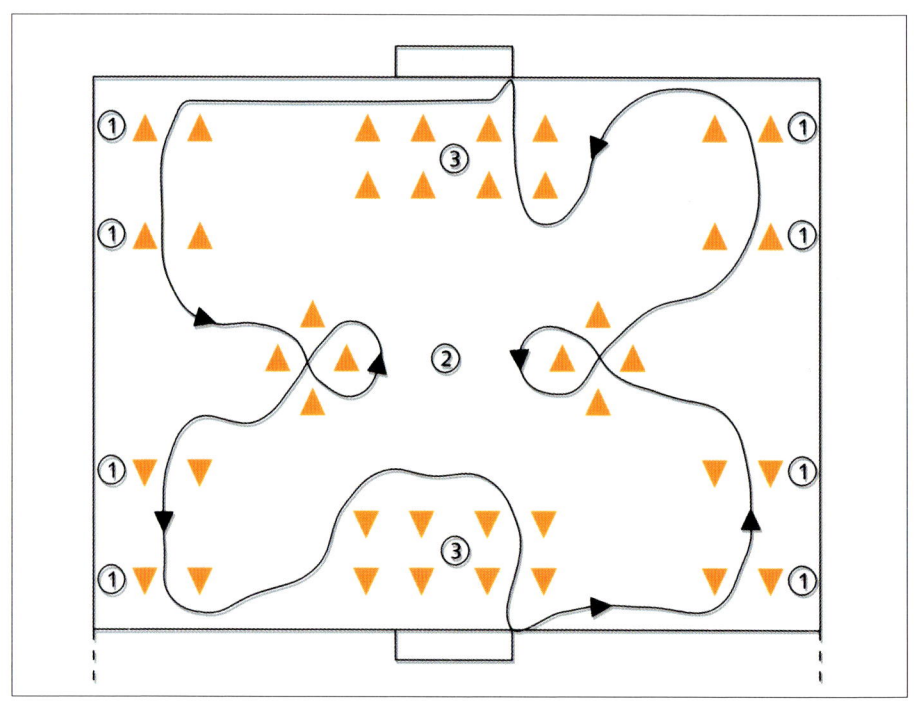

图5-3　足式槌球

得分方式：教练员设定踢完一圈所需要的时间。运动员要尽量在规定时间内完成练习。在练习过程中，不要给队员提示时间。能够以正确的节奏完成练习的球队为获胜队。例如，教练员设定每圈练习时间为3分钟，然后规定在9分钟后停止练习，那么在9分钟结束时，离结束线最近的一队获胜。

练习变化：a. 球总要处于不断的运动状态中。
　　　　　b. 允许运动员不只一脚触球，但是球在过两个标志桶之间时，运动员必须一脚触球。
　　　　　c. 每名队员触球次数不得超过3次。
　　　　　d. 不限制时间——完成一圈练习时，触球次数最少的球队获胜。

执教提示：在练习前，教练员要示范如何穿越不同的障碍。教练员应提示队员练习节奏要降下来，不要太快。队员要按规定的路线进行练习，并且在规定的时间内完成。在时间的设定上要保证练习节奏是较慢速的。教练员不应告诉队员总练习时间或练习的总圈数，因为这样会影响练习的竞争性。

改变练习强度：
本练习的强度非常低。练习强度取决于完成每圈练习规定的时间和穿越障碍的难度。教练员可以采用不同的方式改变障碍的难度，如改变标志桶与标志杆之间的距离。

练习2——足式高尔夫（图5-4）

练习区域：练习区域不限。

练习人数：6 v 6（1 v 1 – 13 v 13）。

练习组织：在练习区域内放置一定数量的标志桶。每名队员1个球。每队各挑选1名队员进行比赛。

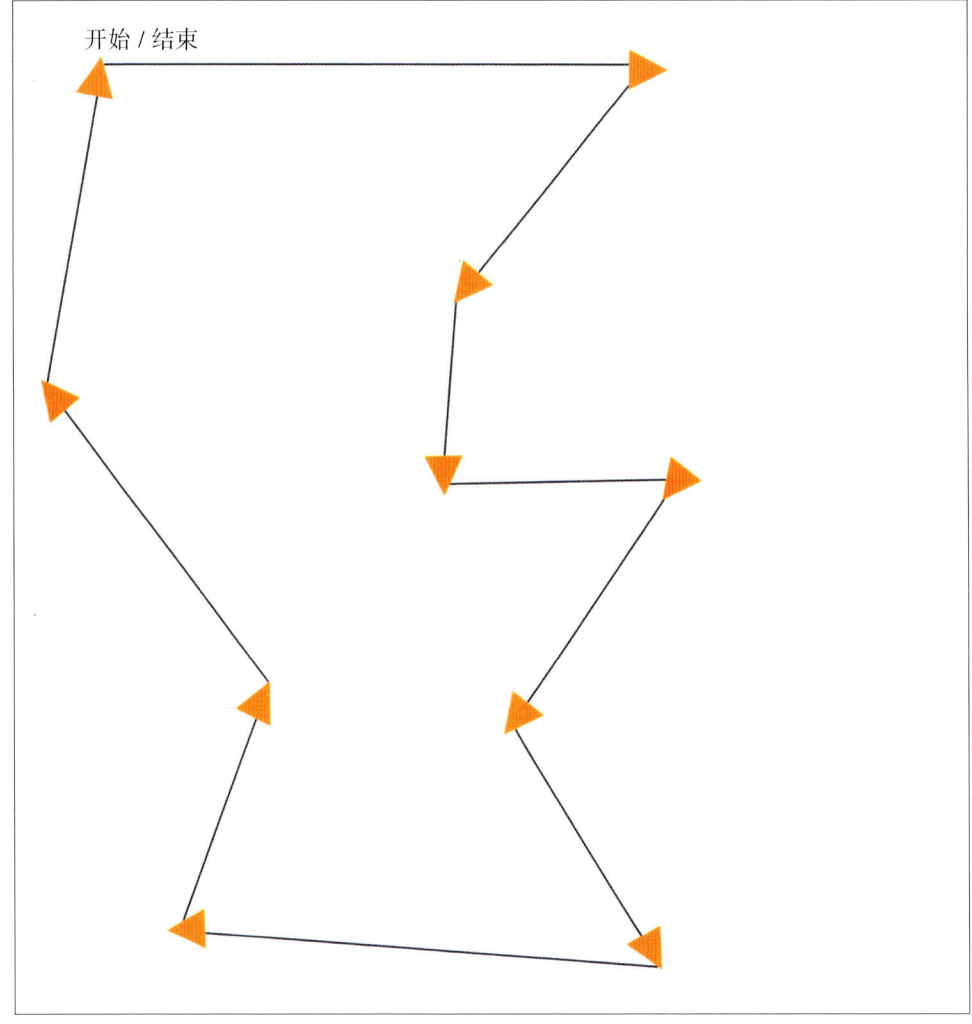

图5-4 足式高尔夫

5. 有氧训练

练习说明：运动员要尽量以最少的触球次数用球击到标志桶。在击到标志桶后，继续用球撞击另一个标志桶（在离标志桶5米的地方开始发球）。

练习规则：无特殊规则要求。

得分方式：队员以最少的踢球次数完成练习的为胜者，同时为本队获得1分。如果两队队员都以同样的踢球次数完成练习，则两队各加1分。得分最多的球队获胜。

练习变化：a. 3名队员为一组，每组1个球，3名队员依次轮流踢球。球在触及标志桶之前不能停下来。

b. 高尔夫比赛：以最少触球次数踢到标志桶的队员得1分（如果触球次数相同，则不得分）。如果10次触球仍不能踢到标志桶，该队员必须放弃，而继续踢下一个标志桶。完成练习后，得分最多的队员获胜，同时为该队加2分。

执教提示：教练员应给运动员详细解释比赛规则和目标的顺序。如果将标志桶放在比赛难以击打到的位置，可以提高练习的娱乐性（如将标志桶放置在斜坡上或树的后面）。

改变练习强度：
运动员应该以低强度的运动方式进行练习。但是，运动员不能长时间站立。采用练习变化b的方式可以减少等待的时间。为了避免在练习开始时长时间的等待，可以安排每组队员从不同标志桶的位置出发进行练习。

有氧中强度训练

目的

- 提高运动员长时间运动的能力。
- 提高在一段高强度练习后的快速恢复能力。

足球专项有氧中强度训练

顶级水平足球运动员平均每场比赛完成近11000米的跑动距离,同时,还要进行其他不同形式的活动。因此,运动员需要有高水平的耐力。通过有氧中强度和有氧高强度训练,可以提高运动员的这种能力。通过有氧中强度训练,可以提高运动员保持高强度运动的能力,为良好运动表现提供保障。

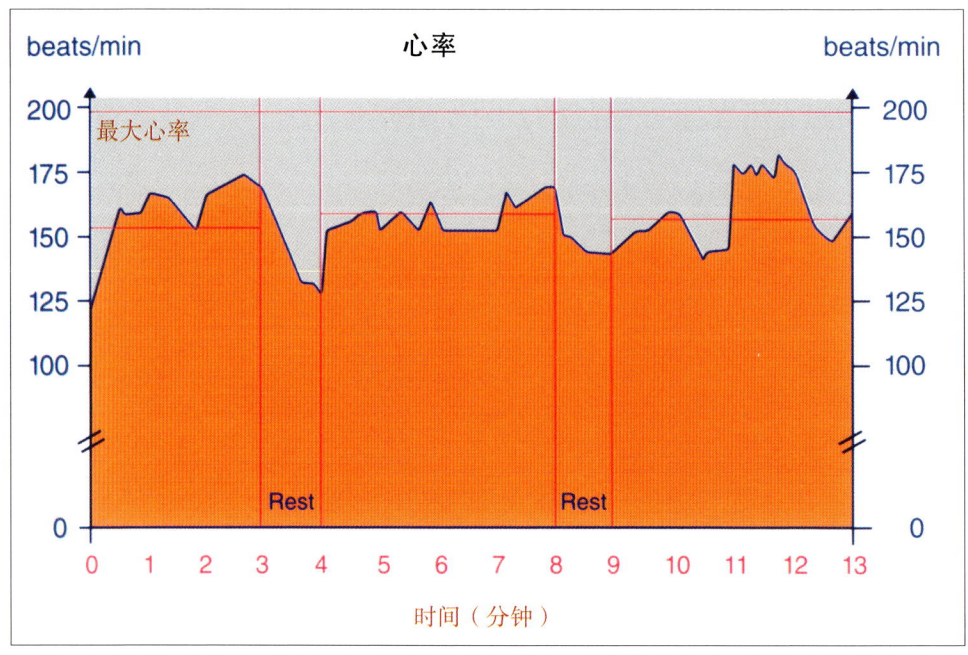

图5-5

图中显示一名运动员在有氧训练中的心率。

5. 有氧训练

有氧中强度练习——连续接应。

训练原则

在有氧中强度训练中，运动员的心率反应应该是：

平均心率：最大心率约为80%

心率范围：最大心率范围为70%~90%

如果某名运动员的最大心率为190次/分，则

平均心率：150次/分左右

心率范围：130 ~ 170次/分

在练习过程中，运动员的心率不能长时间地低于或高于心率范围值。

练习组织

　　教练员可以采用持续训练或间歇训练的方法进行有氧中强度训练。如果采用间歇训练方法，练习时间一般在5分钟以上。图5-5为某运动员在有氧中强度练习中的心率反应。如果采用无球练习的方法，作者建议采用变换负荷的方法进行练习，如1分钟最大心率的70%强度练习、1分钟最大心率的80%强度练习、1分钟最大心率的90%强度练习。

有氧中强度训练方法

以下为有氧中强度练习方法示例。

练习1——互射标志桶（图5-6）

练习区域：1/2足球场。

练习人数：5 v 5（3 v 3-8 v 8）。

练习组织：每队防守一排标志桶（5个或更多）。标志桶呈直线排列，相互间隔1米，放于本方半场。

练习说明：控球一队进攻目标是击中对方的标志桶。如果击中对方的标志桶，他们则将本方的一个标志桶与对方的标志桶放在一排，同时将对方被击倒的标志桶扶正原位。扶正标志桶的队员必须是踢中该标志桶的队员，其他队员继续比赛。

注意事项：在标志桶前后均可以进行比赛。

练习规则：无特殊规则要求。

得分方式：在规定的时间内，标志桶少的球队获胜。

练习变化：a. 当控球队击中对方的标志桶后，将被击中的标志桶与本方的标志桶放在一排。练习结束时，标志桶多的球队获胜。

　　　　　b. 标志桶之间的距离可以被拉大，或放在一起。
　　　　　c. 击中标志桶前的最后一次触球，只能采用一次触球方式。
　　　　　d. 如果运送标志桶的队员在运送的过程中被球击中，则他必须将标志桶归还原位。
　　　　　e. 标志桶分放于本方半场的不同位置，而无须放在一条线上。
　　　　　f. 用2个球同时进行练习。

g. 所有进攻队员必须都在标志桶后踢球（只有从标志桶后面击中目标得分才有效）。

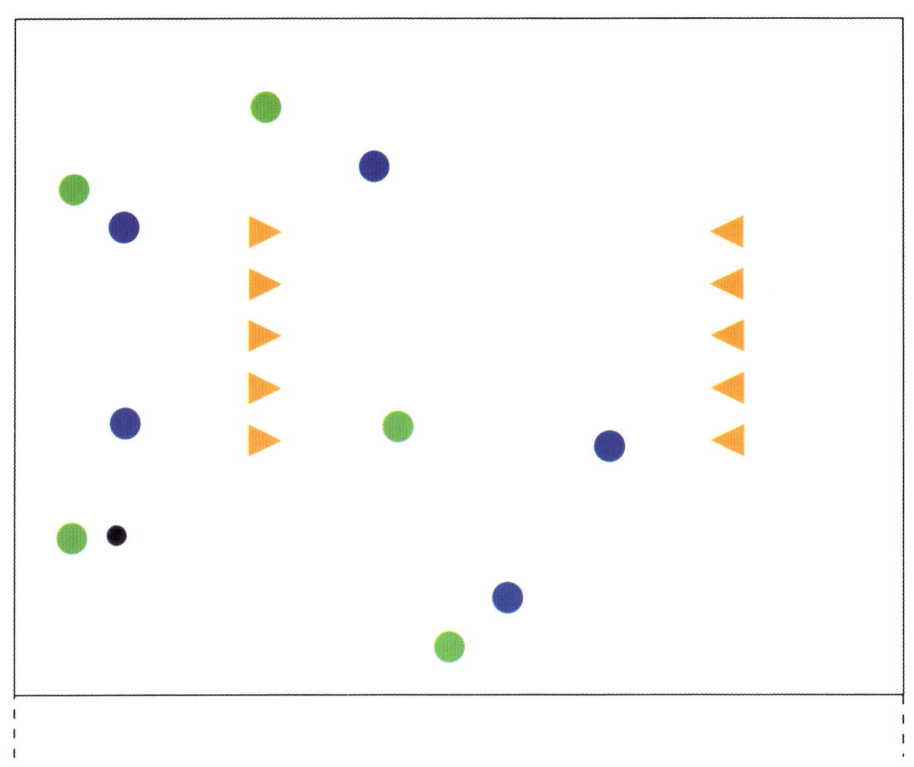

图5-6 互射标志桶

执教提示：为了避免运动员在防守时站在一起，教练员可以在场地内放置更多的标志桶，或增加标志桶之间的距离（参见练习变化b和e）。

一旦运动员熟悉了比赛，允许运动员在进攻或防守时站在标志桶前。教练员应当鼓励运动员共同讨论战术，如是将标志桶放在一起有利于防守，还是放在一堆有利于防守？练习变化的a对于比赛领先的球队来说更难。

改变练习强度：

如果练习强度太低，教练员可以要求所有进攻队员在得分前必须位于对方的标志桶后。通过练习变化的b和f，可以增加练习强度。

练习2——立体球（图5-7）

练习区域：1/2足球场。

练习人数：7 v 7（4 v 4-11 v 11）。

练习组织：练习队员分为2队，每队1个球。

练习说明：球队必须坚持控制好本方的球权，同时想办法从另一队中获得控球权。

练习规则：如果某一队将球踢出界外，则另一队获得球权（并得1分）。

得分方式：同时获得两个球的控球权的球队，即得1分。之后将球归还对方，比赛继续进行。在规定练习时间后，得分最多的球队获胜。

练习变化：a. 始终限制每名队员的触球次数，如每名队员最多3次触球。
b. 运用3个球（如用4个球，每队2个球）。当3个球都由一个队控制时，则该队得分。

执教提示：教练员在分组时，尽量使两队实力相当。也可以通过改变练习场地或采用练习变化b的方式，使两队都有机会得分。

改变练习强度：
通过练习变化的a和b可以提高练习强度。

5. 有氧训练

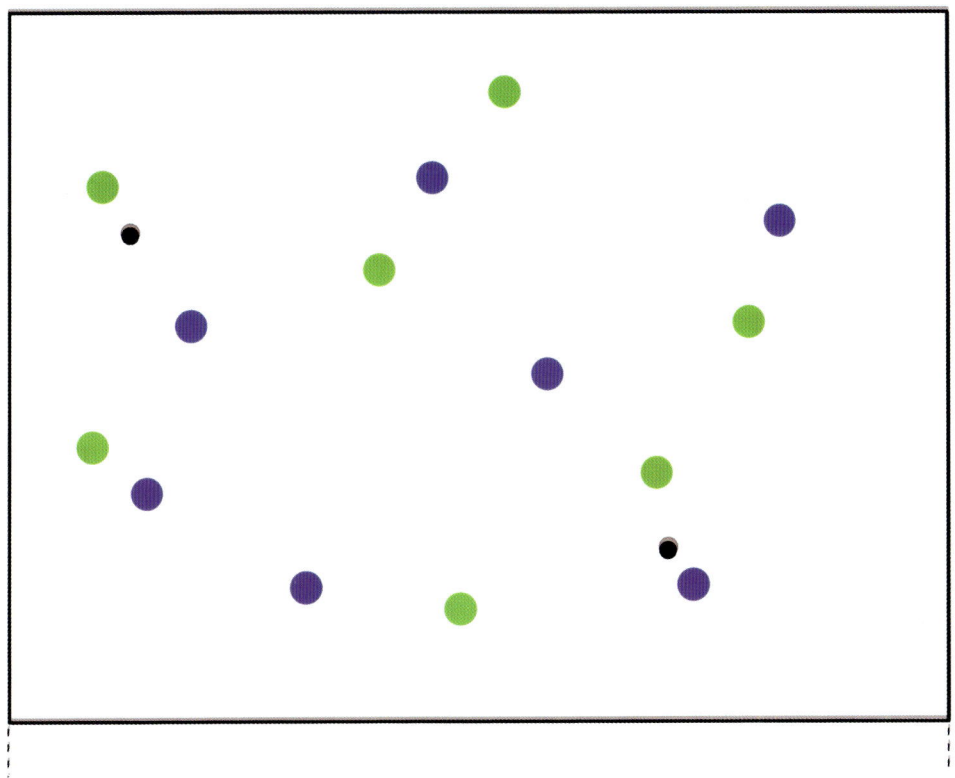

图5-7 立体球

练习3——连续接应（图5-8）

练习区域：2/3足球场，并将场地分成4个区域，2个标准球门。

练习人数：7 v 7（3 v 3-11 v 11）+ 2名守门员。

练习说明：按常规比赛进行练习。

练习规则：同队的所有运动员（除守门员外），必须位于相邻的两个区域内。

练习变化：a. 限定在每个区域内的最少传球次数，如在某区域内，最多传5次球后，才可以进入新的区域。

b. 同队运动员必须位于相邻的3个区域中，而不是相邻的2个区域中。

c. 不要求运动员是否在相邻的区域内，而规定得分时，所有攻方队员必须全部位于对方半场得分方为有效。同时，要求所有防守队员必须在本方半场。如果对方得分时，所有的防守队员未能回到本方半场，则对方得2分。

执教提示：练习首先采用运动员必须位于两个相邻区域的规则。在球从一个区域向另一个区域转换时，同队所有运动员必须保持在同一个区域内。通过减少练习人数或采用练习变化b可以减少练习难度。

改变练习强度：
练习区域的增加会导致练习强度的下降。采用练习变化a会提高练习强度，而采用练习变化b和c，则会减小练习强度。

5. 有氧训练

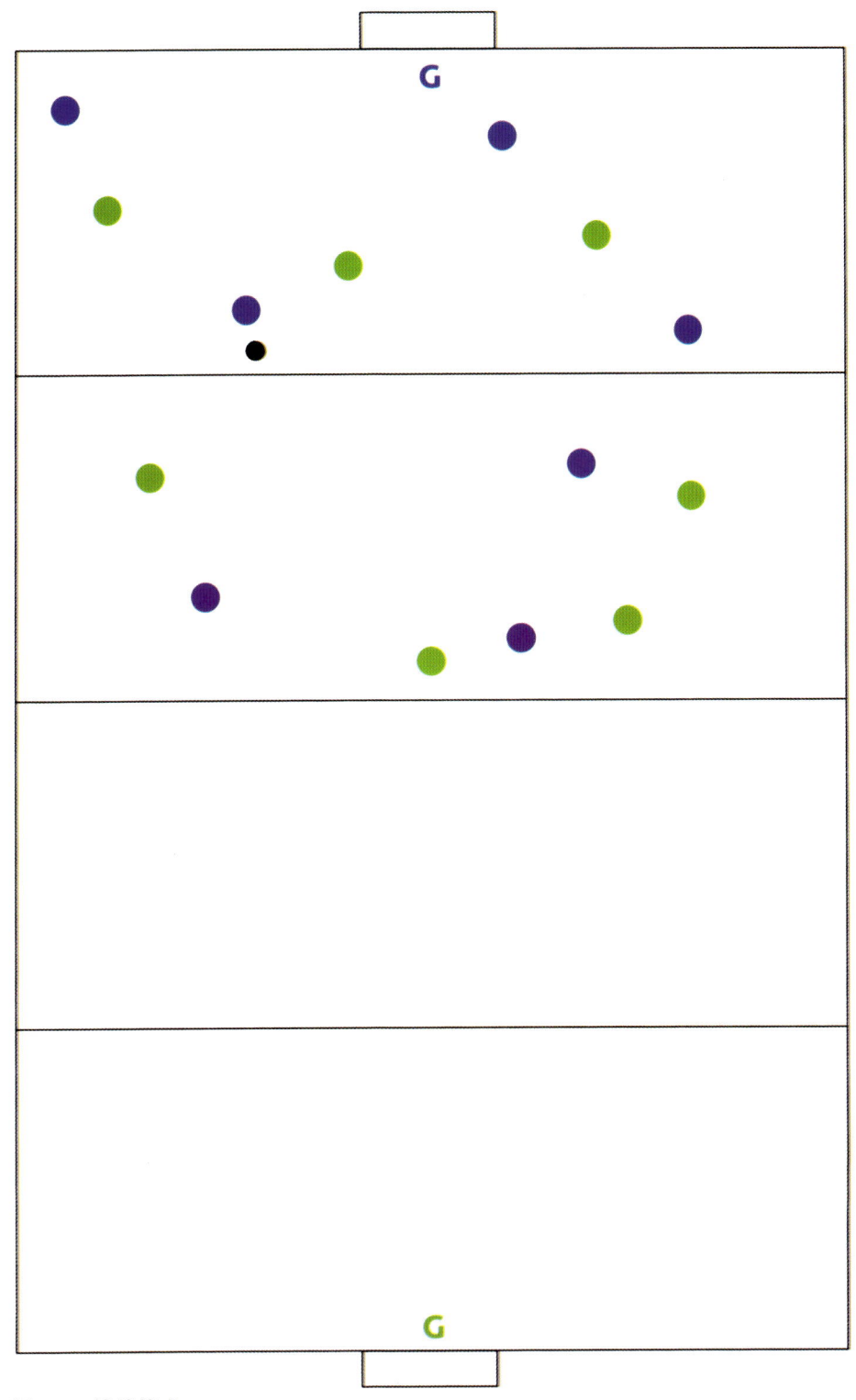

图5-8 连续接应

有氧高强度训练

目的
- 提高运动员长时间进行高强度活动的能力。
- 提高运动员在高强度练习后快速恢复能力。

足球专项有氧高强度训练

研究表明，足球水平的高低取决于运动员比赛中有氧高强度活动的距离，即运动员水平越高，有氧高强度活动距离越长（图5-9）。因此，对于足球运动员进行长时间有氧高强度训练是非常重要的。通过有氧练习（最大摄氧量练习）发展这一能力是有效训练方法。

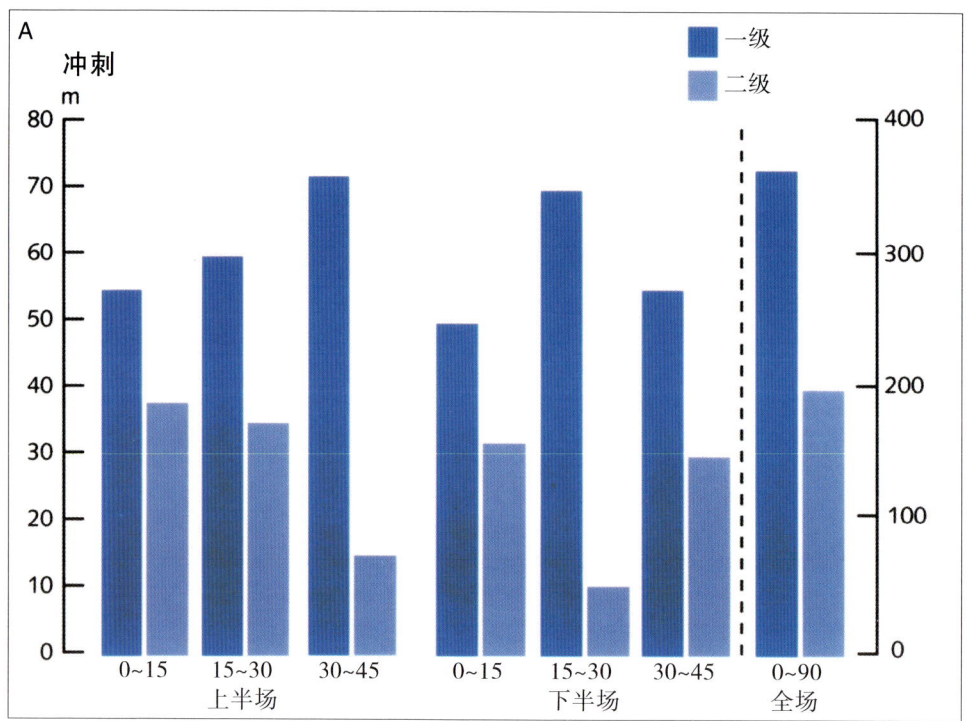

图5-9

图中显示，丹麦一级和二级联赛的运动员在比赛中3种不同类型的高强度跑动距离。图的左侧，比赛以15分钟为单元进行分析（0~15分钟，15~30分钟，30~45分钟）。图的右侧为整场比赛的情况（0~90分钟）。从数据来看，第一级别联赛的运动员在比赛中高强度运动的距离比第二级别联赛的运动员的活动距离更长。

5. 有氧训练

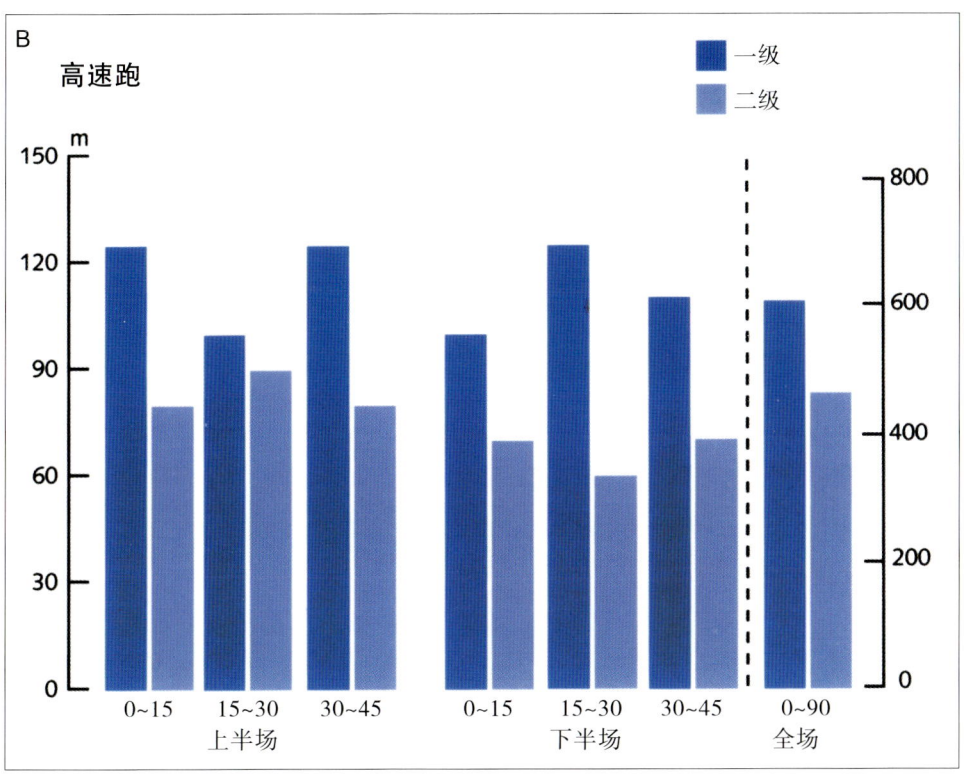

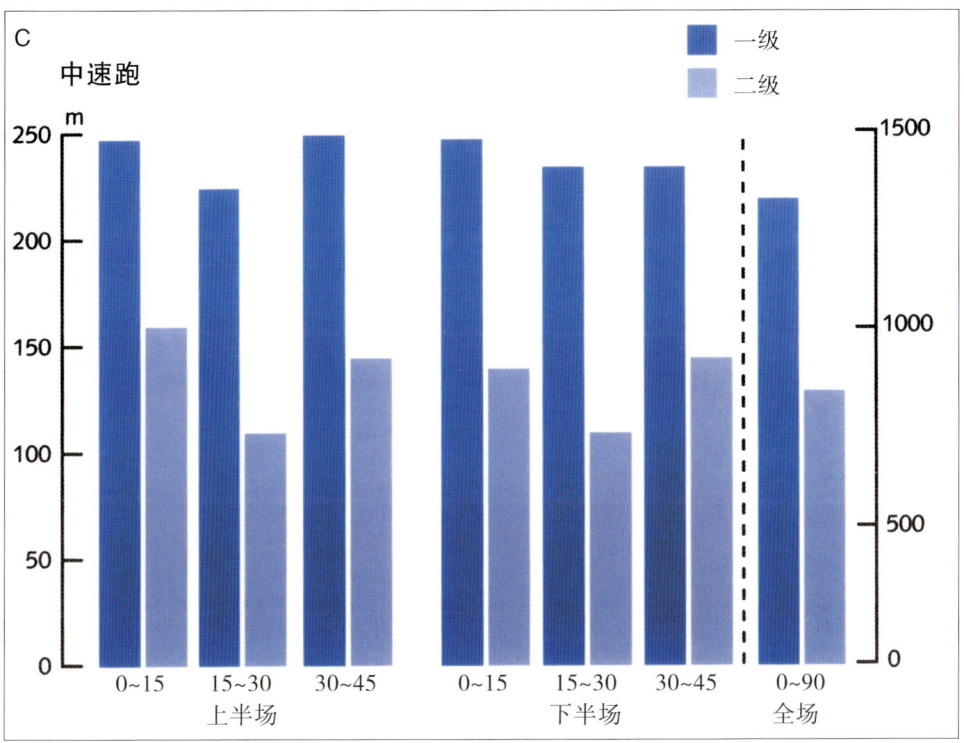

训练原则

在有氧高强度练习中，运动员的心率反应

平均心率：最大心率约为90%

心率范围：最大心率范围为80%~90%

如果某名运动员的最大心率为190次/分，则

平均心率：约170次/分

心率范围：150~190次/分

运动员在练习时，心率不能长时间低于训练原则所要求的心率范围。

有氧高强度训练与无氧速度耐力训练

在进行有氧高强度训练时，运动员在短时间内动员乳酸能供能系统（图5-10），换言之，有氧高强度训练与无氧速度耐力训练有重叠。教练员应该明确，有氧高强度练习的强度不应过高，从而达到无氧速度耐力训练的强度。如果练习强度太高，运动员就不可能长时间以这种强度运动，从而难以实现有氧高强度训练的效果。

训练组织

在进行有氧高强度结合球的身体训练时，运动强度处于不断的动态变化之间，训练强度短时间内的小幅变化，不会使运动员的心率出现大的下降。因此，队员在运动中的心率保持在80%的最大心率。此外，由于足球运动本身固有的间歇性特征，在练习时可以采用不同形式的间歇训练。以下为3种不同形式的间歇训练形式（它们之间可能会有交叉）。

Ⅰ. 固定间歇时间

所谓固定间歇时间是指运动员练习的时间和休息时间均是固定的。如果练习时间超过1分钟，间歇时间应该少于练习时间，否则整个练习的强度就会过低。表5-2为相关示例。

练习时间越短，练习强度应该越高（根据有氧高强度训练原则）。在间歇期运动员应该进行一些恢复性练习（如慢跑）。

5. 有氧训练

　　读者不要将表5-2所示的第1种间歇练习方式和与之相似的间歇性无氧速度耐力训练方式相混淆。这两种训练在练习强度上有明显的差别。在进行无氧速度耐力训练时，运动员在整个练习的过程中都要以非常高的强度进行练习，而在进行有氧高强度练习时，训练强度则较低。

表5-2　有氧高强度训练与休息时间示例

	练习时间	间歇时间	最大心率百分比（练习结束时）
A	1分钟	30秒钟	90%~100%
B	2分钟	1分钟	85%~95%
C	4分钟	1分钟	80%~90%

队员进行有氧高强度练习——背靠背。

图5-10A显示，某名运动员在进行2分钟练习与1分钟间歇的有氧高强度训练中的心率反应。

15/15原则

在一项研究中，研究者要求被试者在跑台上进行连续交替15秒快跑和15秒休息的练习，并对练习的效果进行分析。这种练习形式即所谓的15/15原则。在练习过程中，运动员的有氧能量系统被充分动员，练习被证明有利于提高运动员的最大摄氧量。根据这一研究成果，15/15原则现在已经被广泛应用于足球训练中。但是，由于在进行足球专项练习时，运动员不断地考虑技战术因素，因此运动员在练习过程中不可能以连续的方式进行有氧高强度活动。正因如此，15秒这么短的练习和间歇时间似乎不能有效地应用于足球专项训练。例如，在1/3场地进行3v3的练习时（两个标准球门和守门员），运动员总会有短时间的低强度活动（如运动员在射门得分或球被踢出界后）。因此，如果在队员运动15秒后换人继续练习，一定会很大程度地影响练习的平均强度。此外，在这样的练习中，有些运动员可能在练习过程中根本就触不到球。在进行有氧高强度结合球的练习时，练习时间至少应该在30秒。而15/15原则在足球专项中的应用也恰恰说明了，科学研究成果应用于专项训练时，应该进行充分的分析和全面的考虑。

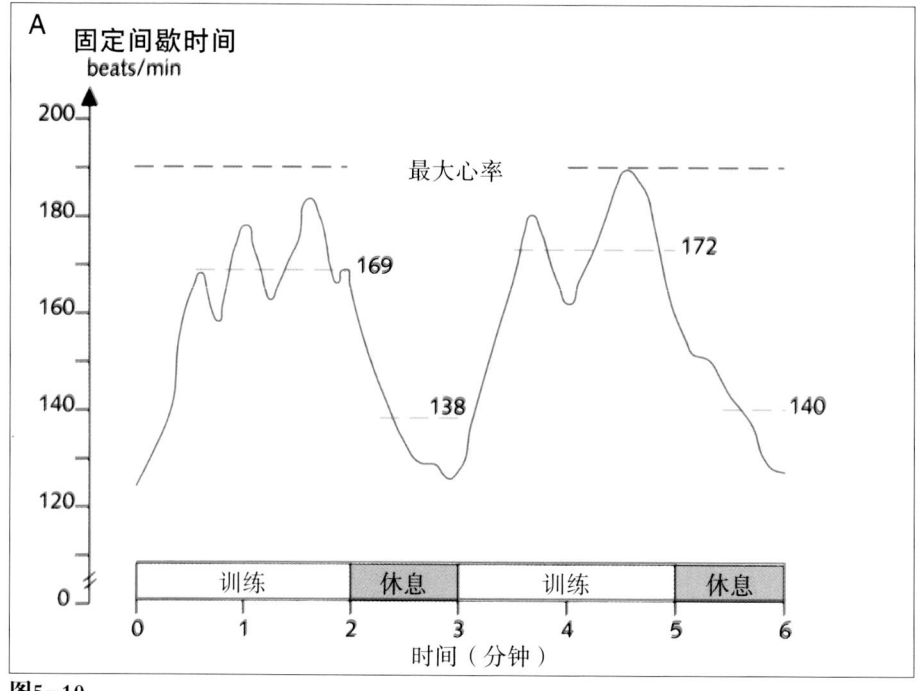

图5-10

图中显示，一名运动员以3种不同的间歇方式运动后的心率反应（A 固定间歇时间，B 变换比赛规则，C 自然变化）。

5. 有氧训练

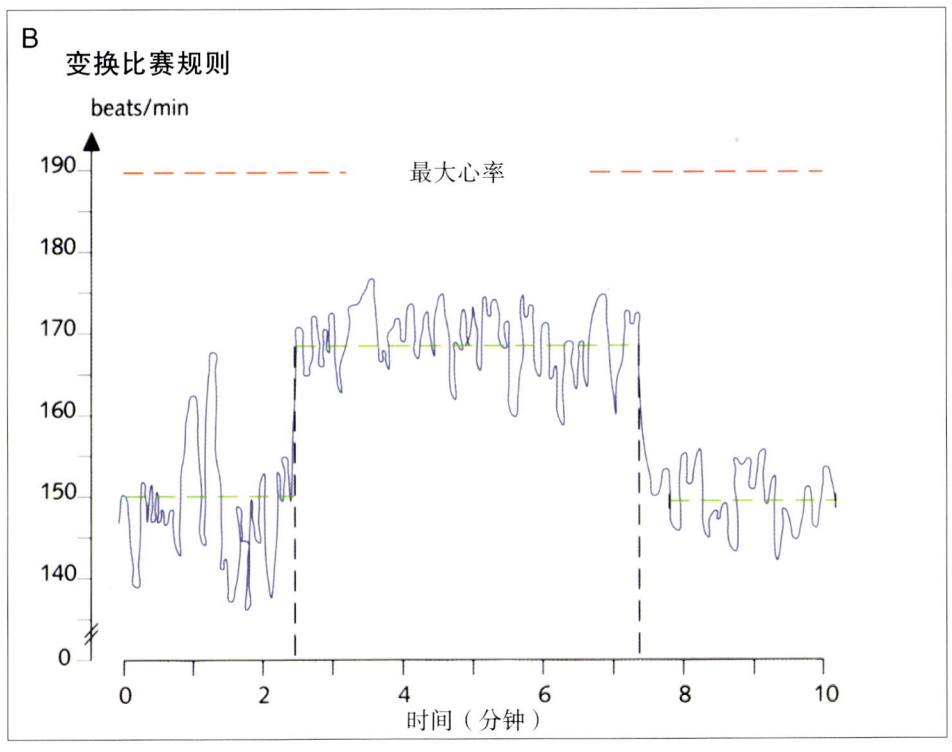

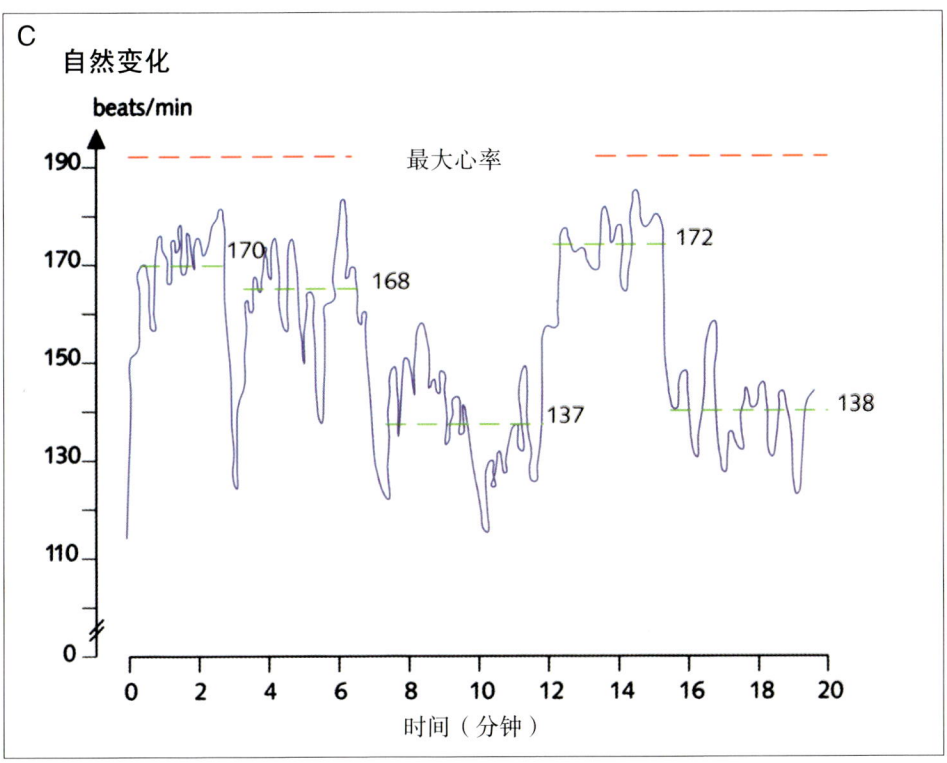

队员有氧高强度训练——深度练习。

Ⅱ. 改变规则

在练习过程中,通过改变规则可能会使练习强度发生变化。在练习时间不变的情况下改变练习规则,有可能会降低或提高练习强度。图5-10B显示,一名运动员在有氧高强度训练中的心率反应。

Ⅲ. 自然变化

通过一定的组织方式,可以使练习强度自然发生变化。图5-10C显示,某名运动员在自然变化的有氧高强度间歇训练中的心率反应。

有氧高强度训练方法

以下为3种不同间歇训练方式的有氧高强度训练示例。本书所举例子中既有结合球的训练,也有无球训练。

间歇原则Ⅰ——固定间歇时间

练习1——深度（图5-11）

练习区域：约1/3足球场。将练习场地分成3个区域，［2个外围区域（①+③）和1个中间区域（②）］。2个边侧区域与罚球区同样大小。

练习人数：5 v 5（3 v 3 – 10 v 10）。

练习组织：所有队员先在同一个外围区域中进行练习。

练习说明：运动员可以在外围区域内传球，也可以将球越过中间区域（但球不能在中间区域内反弹）传到另一个外围区域。

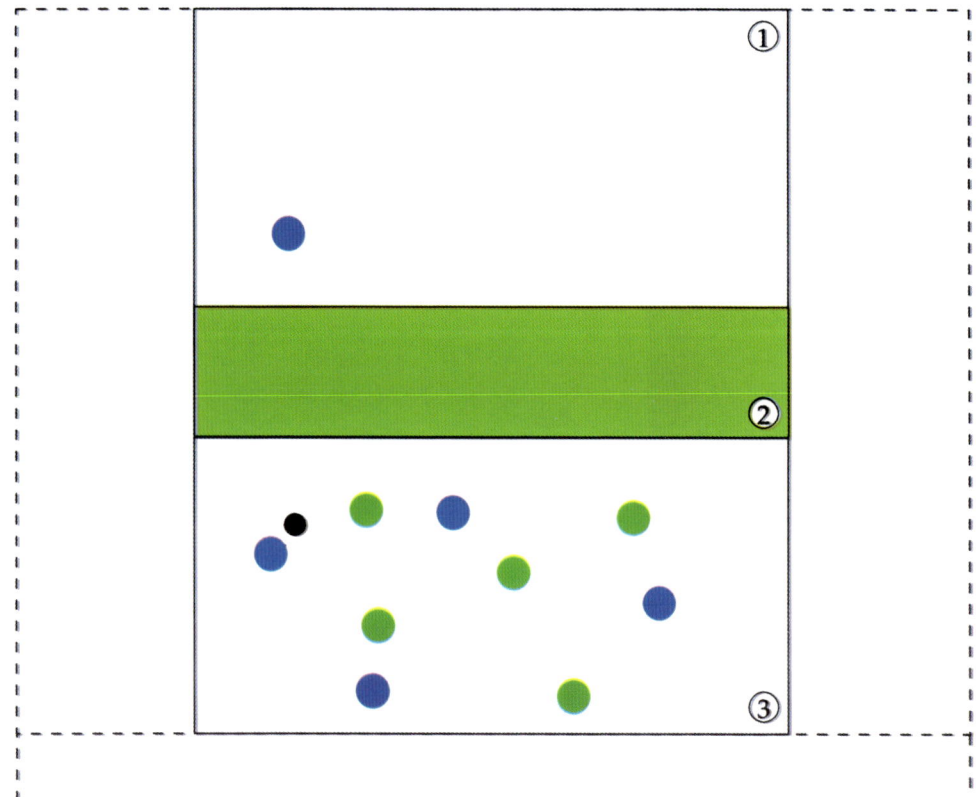

图5-11 深度练习

5. 有氧训练

练习规则：控球方的1名队员（仅限1名），可以在无球的外围区域。当球从一个外围区域传到另一个外围区域，所有队员必须跑到另一个区域（转换区域），之后继续传控球。

得分方式：如果控球一方能够将球连续两次从一个外围区域转移至另一个外围区域，则得1分。

练习类型：间歇式练习。固定间歇时间，如5分钟练习，1分钟间歇。

练习变化：a. 在保持原有规则的基础上，增加规则：控球一方如果连续进行10次传球，则得1分。
　　　　　b. 球从一个外围区域传至另一个外围区域之前，必须进行若干次传球（如5次）。
　　　　　c. 队员必须在8次之内将球从一个外围区域传到另一个外围区域。
　　　　　d. 限制每名运动员的触球次数（如最多3次触球）。

执教提示：本练习的重要因素是比赛在两个区域内的转换。一旦球从一个区域转移至另一个区域，所有运动员必须快速穿跃中间区域跑至另一个区域。在外围区域进行练习时，练习强度非常高（特别是对于防守一方来说）。

如果采用练习变化a，教练员应该向运动员强调两个外围区域的价值，因为如果运动员只在一个区域内比赛，整个练习的平均强度将会下降很多。

改变练习强度：

通过改变中间区域的宽度，就会使运动员在两个外围区域之间移动时的快速跑的距离增加。采用练习变化b会降低练习的平均强度，而采用练习变化c和d则会增加练习的平均强度。

练习2——存储练习（图5-12）

练习区域：1/2足球场，4个方块区域（①~④）。

练习人数：5 v 5（3 v 3-8 v 8）。

练习组织：组织练习时，至少要有8个球（平均放置在4个不同的区域）。每队具有进攻、防守两个区域（①+③和②+④）。在练习开始时，所有运动员都在方框区域之外。

练习说明：所有运动员必须带本方两个区域的球，试图将其放置到对方的两个区域。如果在带球的过程中球被对方触到，他则必须带球回本方出发的区域，然后再开始进攻。

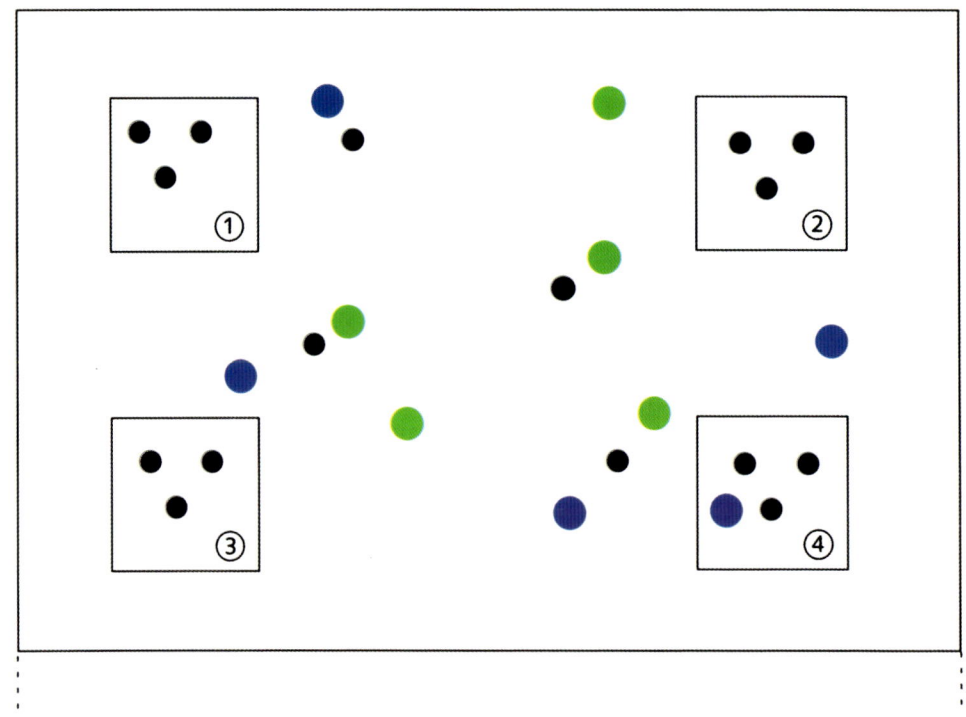

图5-12　存储练习

5. 有氧训练

练习规则：不能逼抢在方块区域内的运动员；每队只能同时控制2个球进攻对方的方块区域。

得分方式：比赛结束后，在对方区域内放置球多的队获胜。

练习类型：间歇式练习，固定间歇时间。例如，4分钟练习，1分钟间歇。

练习变化：a. 防守方抢到球后即得到球权。
b. 每队在进攻时没有带球次数限制。
c. 运动员之间可以相互传球，因此，队员不必带球进入对方区域。
d. 两队分别进攻和防守对角线上的方块区域（①+④和②+③）。
e. 增加方块区域的数量。

执教提示：本练习中，运动员带球至对方防守的方块区域时的运动强度非常高（这是由于防守队员要不断地对球实施逼抢）。如果采用练习变化b和c，练习强度会随之增加。在运动员明白了练习要点后，即可采用这两种变化方式。

改变练习强度：
通过增加方块区域的数量和大小可以减小得分的难度，增加练习强度。采用练习变化a，也可以增加练习强度。

练习3——替换练习（图5-13）

练习区域：约2/5的足球场，2个标准球门。

练习人数：4v4+4v4（2v2-6v6）+2名守门员。

练习组织：每队4名队员进行对抗练习。其他队员2人为一组分别站在自己本方球门旁。听到教练员的口令后，场内外队员进行替换。球门左右应放置一定数量的球，以便守门员及时得到球并快速发球。

练习说明：常规比赛规则。在球被踢出边线或球门线后，守门员开始恢复比赛。

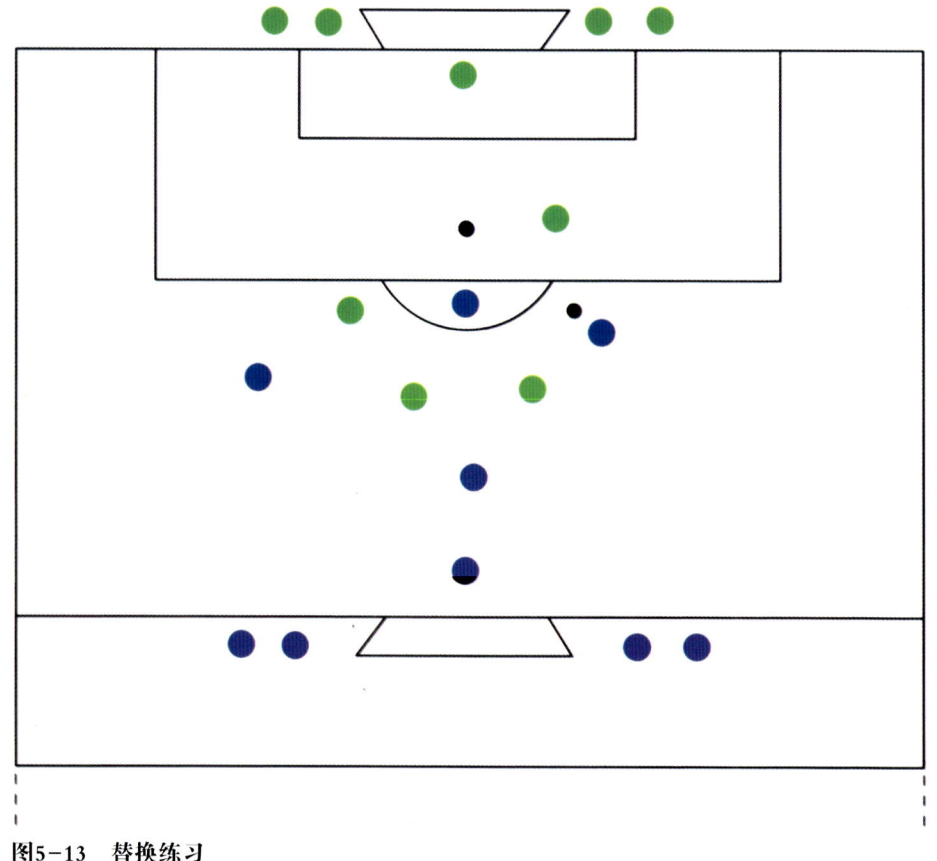

图5-13　替换练习

5. 有氧训练

练习规则：当场内外队员进行替换时，被替换下场的队员都不能再次碰球（否则，由另一队获得控球权）。

得分方式：正常得分规则。

练习类型：固定间歇时间。例如，1.5分钟练习，1.5分钟间歇（在间歇时其他队员进行比赛）。

练习变化：a. 在练习区域内设置一个中场线。在进球时，攻方所有队员必须过中线，同时防守队员也必须在自己的半场，否则，得分以双倍计算。

b. 每名队员每次触球次数限制为3次，球队在5次传球后，必须完成射门。

c. 每队有2名进攻队员和2名防守队员（结合场上位置），在场内外队员进行替换时，防守队员从本方球门线出发，而进攻队员从对方球门线出发。

d. 场内外队员进行交替时，每一位触到球的队员必须进行一次传球后方可射门。

执教提示：教练员要指导运动员在场区全力进行高强度练习。由于练习过程中，运动员要完成多次射门，因此，教练员要激励守门员，并督促其在球成死球后快速发球。在场内外队员进行替换后，场内队员必须快速跑出场外。在间歇期，场外运动员要进行积极性恢复，如慢跑捡球，并将球放置在球门附近。

改变练习强度：
如果教练员认为练习强度太低，可以采用练习变化a和b来改变练习强度。如果练习过程中射门次数过少，教练员可以采用练习变化b。如果教练员想使练习更符合运动员在实际比赛中的位置，可以采用练习变化c。如果在练习过程中，场外队员在替换并进入场地后马上可以射门，则教练员可以采用练习变化d。

练习4——多球门练习(图5-14)

练习区域：约1/5场地，6个小球门。

练习人数：5 v 5（3 v 3-7 v 7）。

练习组织：在场地的每个角放置多个球。

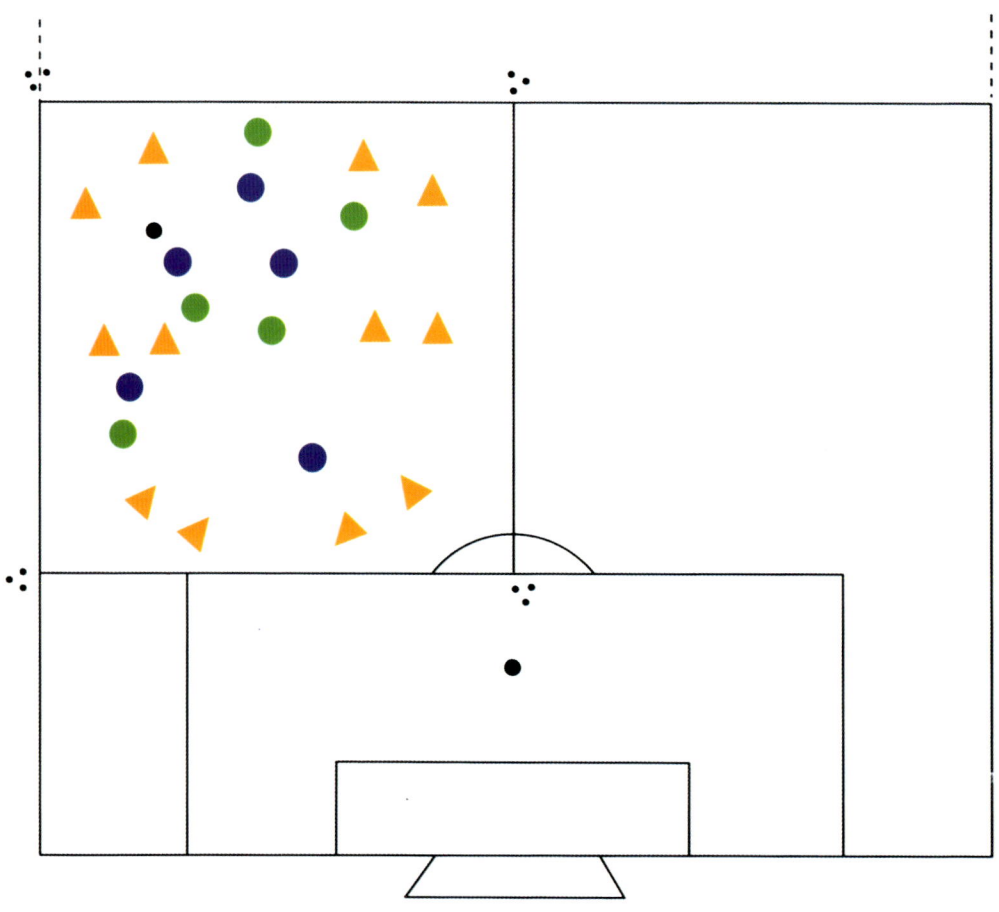

图5-14　多球门练习

5. 有氧训练

练习说明：运动员必须尽力运球过小球门（从球门两侧均可）。如果球被踢出场外，用放置在4个角的球继续进行比赛。

练习规则：除了运球外，队员不能以其他方式跑过小球门。得分后，该队不能直接在同一小球门运球得分。

得分方式：如果队员运球过小球门，即得1分。

练习类型：固定间歇时间，如3分钟练习，1分钟休息。

练习变化：a. 控球方队员将球传过小球门并被同伴得到，即得1分。
　　　　　b. 采用练习变化a，接球队员必须是一次触球传给同伴方能得分，但不得将球传过球门。
　　　　　c. 采用练习变化a，使用人盯人防守策略。

执教提示：通过改变球门数量、球门宽度和球门之间的距离，可以改变练习强度。小球门越多、球门越宽、球门间的距离越大，练习强度越高。

改变练习强度：
如果采用练习变化a和b，因为更多的运动员需要更为积极地投入比赛以获取得分，所以练习的整体强度会更高。如果采用练习变化c，练习时间应该减少，如可以采用2分钟练习，1分钟间歇的方式。这有可能会使练习强度过高，从而演变为速度耐力训练。

间歇原则Ⅱ——改变规则

练习1——钟摆练习（图5-15）

练习区域：1/2足球场，较大的中间区域（②），两个外围区域（①+③）。

练习人数：6 v 6（4 v 4 – 10 v 10）。

练习组织：在两个外围区域分别安排1名（外围）运动员，其他运动员在中间区域进行练习。

练习说明：练习时，球应从一侧外围队员转移至另一侧外围队员。

练习规则："外围队员"最多只能2次触球，并将球传给本方队员，然后接球队员回传。如果"外围队员"触球超过2次或球被踢出场外，则由另一方控球。

得分方式：如果一队的球能够在不被对方抢到的情况下，从一侧成功地转移至另一侧，再成功地转移回来，则得1分。得分后，比赛继续进行，如果能够将球再转移至另一侧，则再得1分。

练习类型：间歇训练。通过常规比赛方法和练习变化d或e之间的不断转换（如每3分钟一换），可以改变整个练习的强度。

练习变化：a. 限定运动员每次的触球次数，如最多只能有3次触球。
b. 外围区域的队员只能有一次触球，或球不能被停在外围区域。
c. 每队分别安排1名队员在每一外围区域。队员必须把球传给本方被安排在外围区域的运动员。外围队员不限制触球次数。
d. 要求中间区域的两队队员采用人盯人防守策略。
e. 当球被转移至一侧外围队员时，控球队的所有队员必须处在进攻的半场区域。

5. 有氧训练

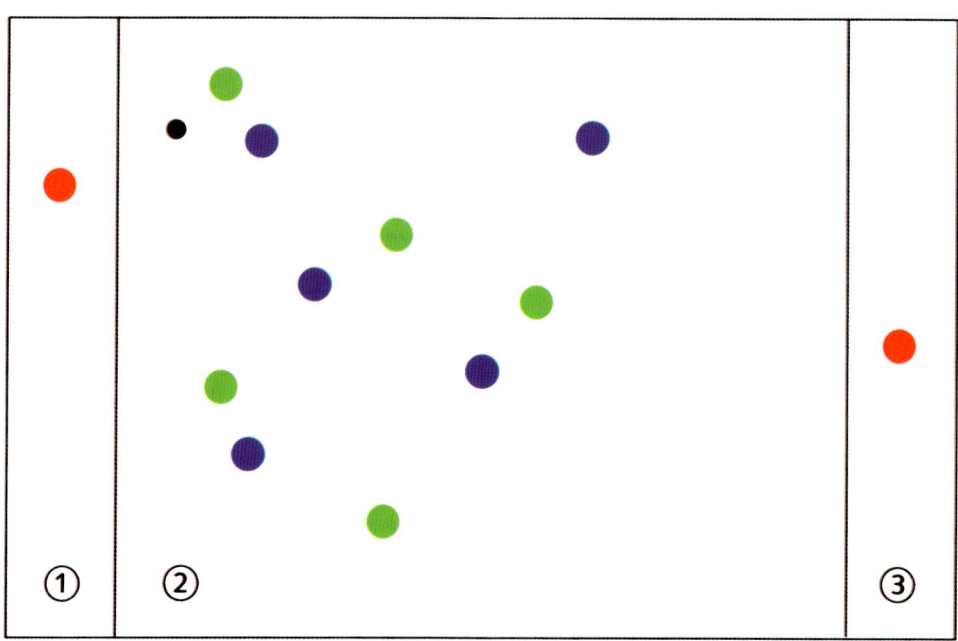

图5-15　钟摆练习

  f. 在外围区域不安排运动员，同时增大外围区域的宽度，得分同前述方式。所有队员必须同时分布在三个外围区域内，控球一方的同队队员在进入球所在的外围区域前不允许触球。

  g. 守门员作为外围队员，他们可以用手接球，但持球跑的时间不能超过5秒钟。

执教提示：在得到球权后，教练员应该鼓励运动员将球传给外围区域的同队运动员，同时也应强调在将球传给外围区域的队员后，接着给予快速接应。

改变练习强度：
通过改变练习队员的人数和中场区域的大小，可以改变练习强度。通过练习变化a、b、d、e和f可以提高练习强度。如果运动员在练习时过分集中于某一个外围区域，教练员可以通过练习变化d和e改变这一情况。

练习原则Ⅲ-自然变化

练习1——位置练习（图5-16）

练习区域：1/2足球场，将场地分成毗邻的3个区域，并在端线放置2个标准球门。

练习人数：6v6（4v4-9v9）+2名守门员。

练习组织：在3个不同的区域每队安排2名队员。在进行一段时间的练习后，队员根据轮换规定交换练习区域（参见图5-16）。防守区域的队员移动至中场区域，中场区域的队员移动至进攻区域，进攻区域的队员移动至防守区域。

练习说明：按正常的方式进行比赛。

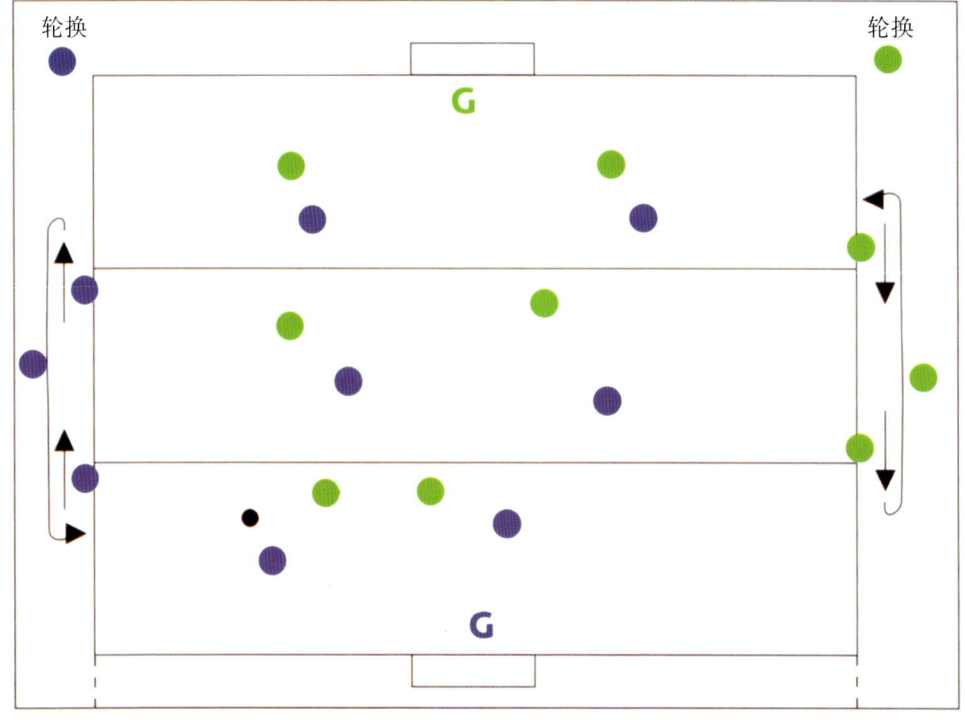

图5-16 位置练习

5. 有氧训练

练习规则：在练习时所有队员必须停留在自己的练习区域内。

得分方式：正常得分方式。

练习类型：间歇练习。例如，练习时间为4分钟，间歇时间为30秒钟。在间歇期，队员之间交换位置区域。

练习变化：a. 要求运动员采用人盯人防守策略。
　　　　　b. 限制运动员每次触球次数，如最多3次触球。
　　　　　c. 每个区域的2名队员在将球传给下一区域前，必须相互传球。
　　　　　d. 队员在进入进攻区域前，必须在中区触到球。
　　　　　e. 分配在中区域的队员可以自由进入其他区域。
　　　　　f. 安排在进攻/防守区域的队员，可以进入中间区域。
　　　　　g. 得分后，两队同时改变进攻方向。

执教提示：当球在自己所在区域时，运动员应该全力以赴进行练习。当球在其他区域时，运动员应该盯住自己的防守队员或空间，或积极创造接球空间。在练习中，可能中场区域队员的练习强度最高。通过定时的变换练习区域，可以保证每位队员在练习中的总负荷达到一致。

改变练习强度：
通过改变练习区域的长度和宽度可以改变练习强度。采用练习变化a可以增加练习强度，但教练员应该注意，练习强度不能过大，不要把练习演变成无氧速度耐力训练。通过练习变化b和c，可以提高运动时间和间歇时间。而采用练习变化d，则会增加中场区域队员的运动量。练习变化e可以提高练习强度。

练习2——压迫式打法（图5-17）

练习区域：1/4足球场。

练习人数：5＋5 v 5（4＋4 v 4-6＋6 v 6）。

练习说明：5+5名队员与另外5名队员在场地内进行对抗。防守队员尽力抢断。如果触到球，失球权的一队5名队员变为防守队员。

练习规则：无特殊规则要求。

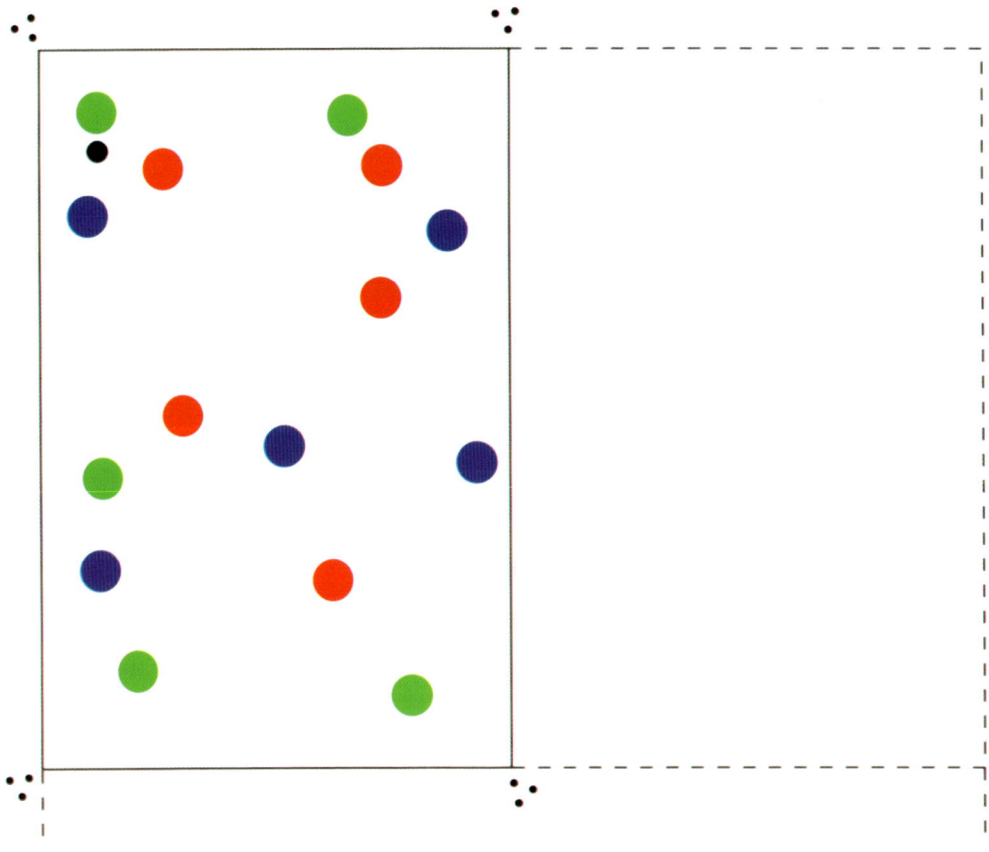

图5-17 压迫式打法

5. 有氧训练

得分方式：本练习没有得分规则，也无球门。但是，如果连续传球10次，防守队必须抢断球2次才能转变为进攻方。

练习类型：间歇练习、自然变化练习。

练习变化：a. 防守队必须抢到球才能成为进攻队。
b. 球队能连续在同队队员之间传接，即球必须传给同为进攻方的另一队队员。
c. 限制运动员每次触球的次数（如最多2次）。
d. 队员可以进入另一个半区，这时其他所有队员都要移至另一半区。

执教提示：本练习中，最重要的是要激励防守队员全力以赴进行防守。控制球的两队队员应该在练习中不断地创造空间，保持准确的传球质量。在防守队员触到球后比赛继续进行，队员要快速转换角色。

改变练习强度：
通过练习变化a，可以增加防守队的练习强度。通过练习变化b，可以提高控球方的练习强度。如果采用练习变化c，将会增加防守方得球的可能性，从而使整个练习的强度增加。采用练习变化d，会增加特别是控球方队员的练习强度。

练习3——背靠背练习(图5-18)

练习区域：将整个足球场分成3个区域，其中包括2个外围区域（①+③）和1个中间区域（②）。在中间区域的底线背靠背放置2个球门。

练习人数：7v7（5v5-9v9）+2名守门员。

练习说明：按常规比赛规则进行练习。

练习规则：在中间区域，运动员限制最多2次触球。在特定区域内，守门员可以用手触球。

得分方式：常规得分方式。

练习类型：间歇练习、自然变化练习。

练习变化：a. 在中间区域，每队限制最多可以6次触球，或者选择中间区域，只能传球3次。

b. 在外围区域，每位队员触球次数最多限定为2次，但在中间区域则没有触球次数限制。

c. 进球时，所有进攻队员必须都在同一外围区域，否则得分无效。如果进攻方得分时，防守方中的任何一名队员不在同一外围区域，则进攻方进球计2分。

d. 当进攻方将球踢出外围区域，由另一方守门员发球，且球必须踢/掷过中区线。

执教提示：当球在中间区域时，运动员的练习强度最高。

改变练习强度：
通过增加中场区域的距离，整个练习的强度会相应增加。练习变化a、c和d会增加练习的强度。如果控球一方在外围区域太长时间控球，则可以采用练习变化b。

5. 有氧训练

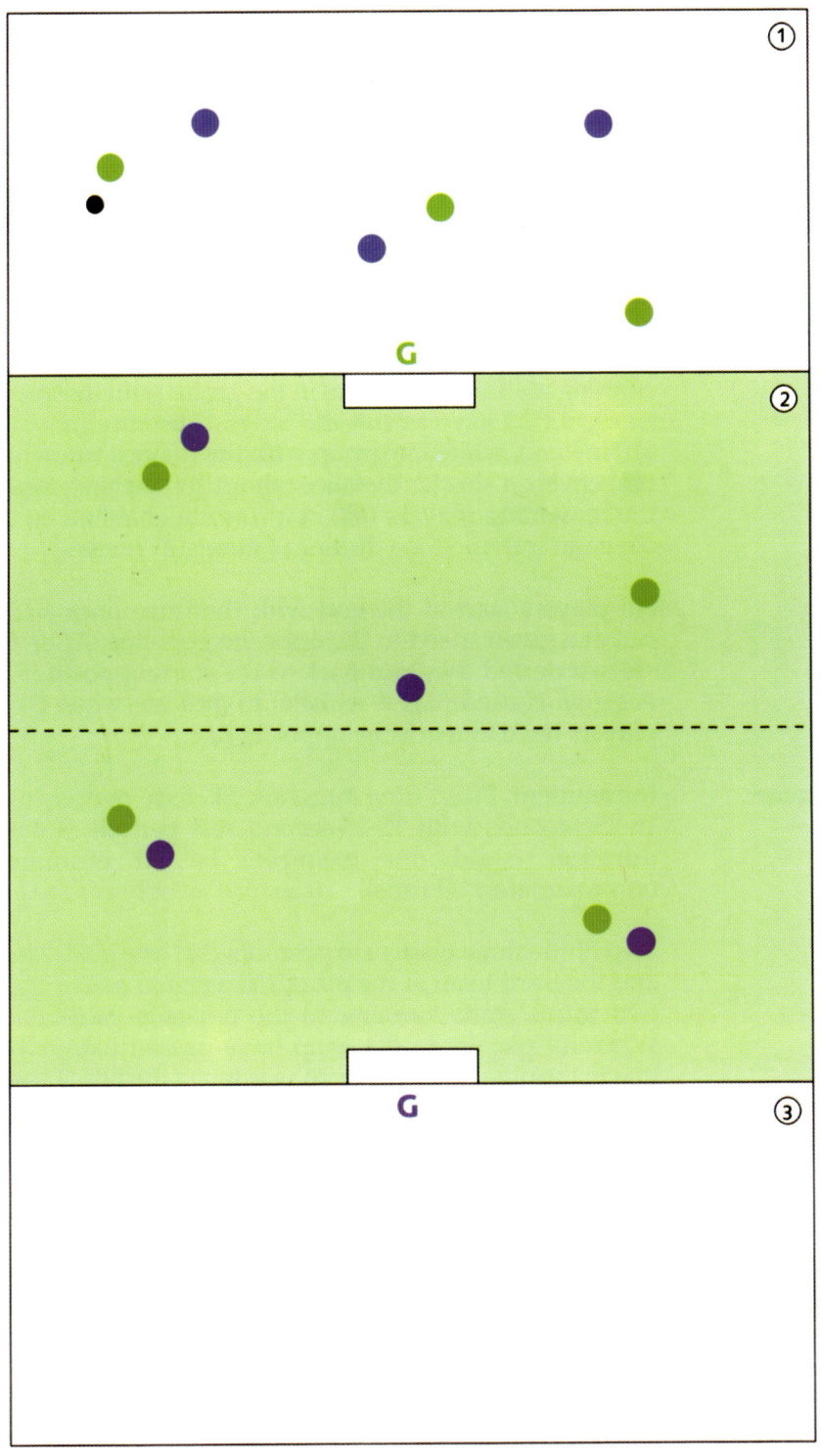

图5-18 背靠背练习

有氧高强度无球训练

练习1——分组跑（图5-19）

练习区域：足球场或与其相当的区域。

练习人数：全体队员。

练习组织：以球门线为基准，前后5米处各画一条线。将队员按跑动能力分成3组。跑动能力最强的一组运动员（●）。从球门线后出发，他们的跑动距离最长（约110米）。跑动能力中等的一组运动员（●），从球门线出发，跑动距离稍短一些（约100米）。剩余的运动员（●）从球门线前的一条线出发，跑动距离居中（约105米）。

练习说明：所有的运动员分别从3条线同时出发，以一定的速度跑向对面的球门线。在一段时间的间歇后，再跑回起点。

练习类型：间歇式练习——固定间歇时间。练习可以采用15~25秒钟的运动，15~25秒钟间歇的方式进行。总练习时间可以为20分钟（约30次跑动）。

练习变化：两组队员在一侧球门线出发，而另一组队员从另一侧球门线出发。听到口令后，两组中的一组开始起跑，跑向另一侧球门线。当该队的所有队员都跑过球门线后，位于该球门线的队员开始起跑，跑向另一侧球门线，以此类推。每组完成固定距离的时间可以有所区别。

执教提示：跑动速度确定的标准应该是：运动员以高速进行跑动，并在一段时间的间歇后能够以同样的速度完成。采用分组的方式可以保证每个运动员的相对练习强度不会出现太大的变化。如果队员之间的体能水平差别过大，教练员可以增加能力强的队员的练习距离（如增加110米，反之亦然），或将队员分成更多的组（在场上确定更多的出发点）。

5. 有氧训练

图5-19　分组跑

练习2——星形跑（图5-20）

练习区域：标准足球场，或与之相当的区域。

练习人数：6 v 6（2 v 2-12 v 12）。

练习组织：在每个罚球区角和中线与边线交叉点各放置一个标志桶。队员分成两队，各队水平差距不要太大。

练习说明：每队3名队员手持一件物品跑（如标志服）。听到口令后，每队的3名运动员从中圈开始起跑，跑向不同的标志桶，并折返回中圈。之后，继续沿顺时针方向跑动。在跑完一圈后，将手持的物品交给出发点的同伴。运动员在完成规定的绕跑6个标志桶圈数后（如5圈）练习结束。

练习类型：间歇式练习。每圈练习时间约为2分钟，之后进行2分钟的休息。总练习时间为20分钟（5圈）。

练习规则：运动员跑步时必须绕过标志桶，之后回到中圈后再出发。

得分方式：首先完成圈数的一组获胜。

练习变化：运动员从标志桶和中圈折返后，将手持物交给同组队友，之后，该队友按此方式再继续进行练习，如此循环。

执教提示：在整个练习过程中，运动员要保持高速跑，但不能进行冲刺跑。这是由于，冲刺跑有可能使后面几组的练习质量受到影响。

5. 有氧训练

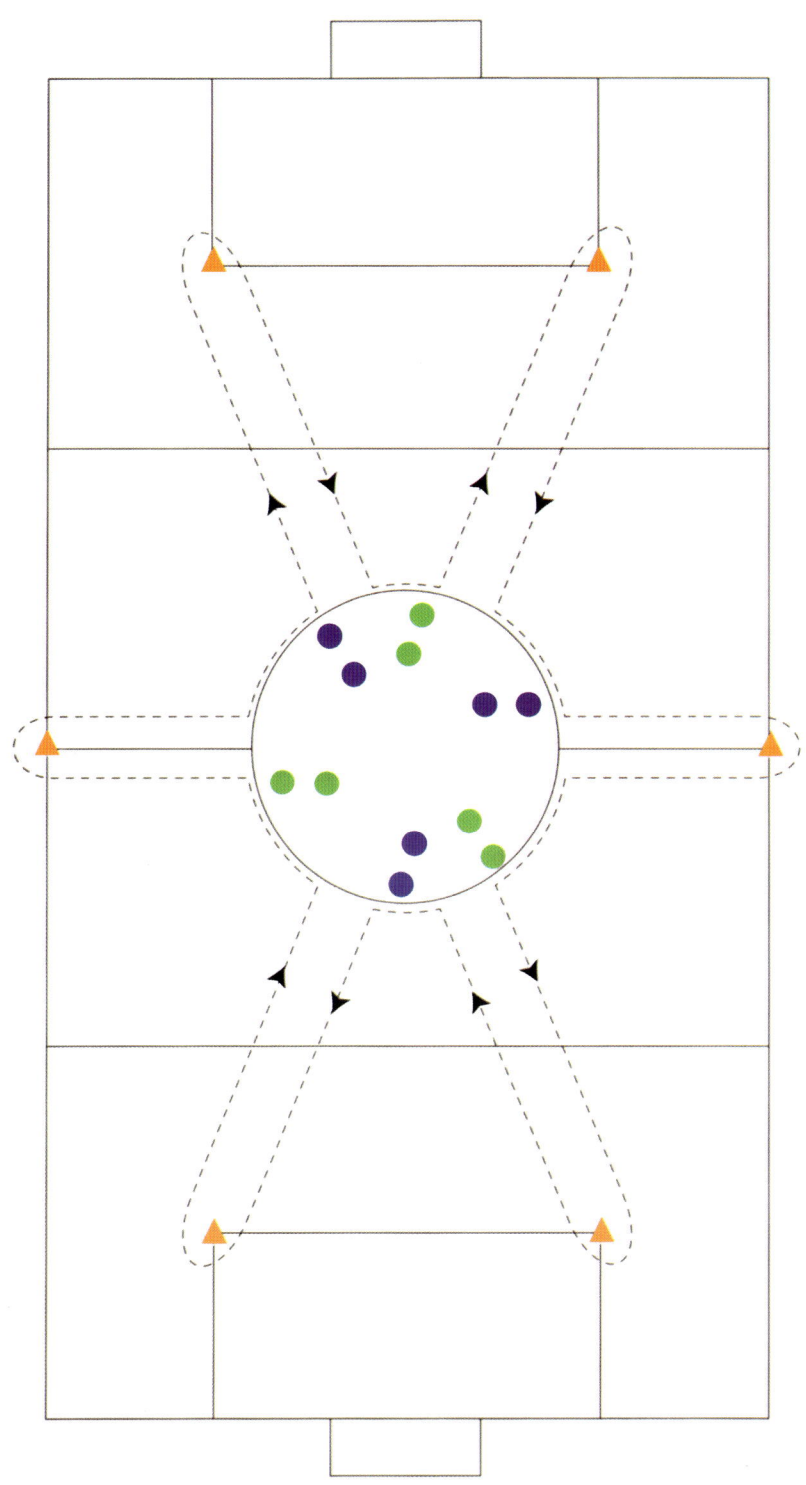

图5-20 星形跑

练习3——成对跑（图5-21）

练习区域：大约5米×50米区域。

练习人数：2人一对，多组练习队员。

练习组织：队员分成2人一对，其中包括一名跑动能力强的队员和一名跑动能力较弱的队员。

练习说明：听到教练员的口令后，每对中的一名运动员手持一件物品（如标志服）开始沿顺时针跑。每对中的另一名队员沿跑动路线走或慢跑。运动员通过交接手持物交换角色。

得分方式：单位时间内跑动圈数最多的一对队员获胜。最终的位置以手持物品的队员位置为准。

练习类型：间歇式练习。练习时间20~120秒钟，间歇时间20~120秒钟。练习总时间可以设定为35分钟（包括6次5分钟跑，间歇时间1分钟）。

练习变化：a. 运动员每次比赛至少要跑2圈，最多跑4圈。
b. 每名运动员第一次跑必须跑5圈，然后第二次跑4圈⋯⋯
即：5-4 -3-2-1-2-3-4-5。

执教提示：在整个练习过程中，运动员不能进行冲刺跑。为了保证练习的竞争性，对与对之间的练习队员的能力应该基本相当。没有进行跑的队员，要绕圈走或慢跑，但不能影响到"高速跑"的队员。教练员也可以采用练习变化a和b。如果能力强的运动员连续跑的圈数更多，同伴跑动的距离就会相应减少。

5. 有氧训练

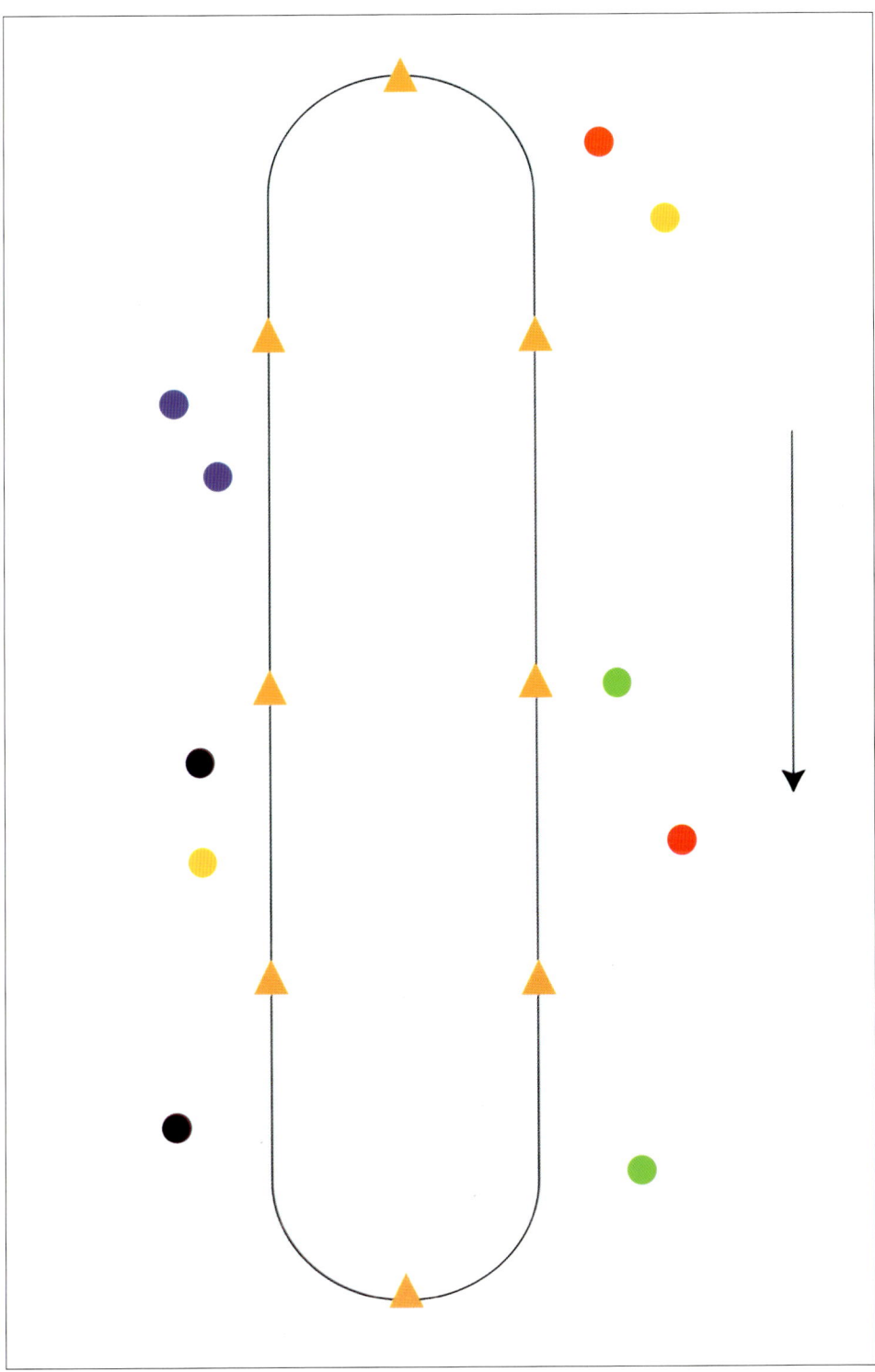

图5-21 成对跑

总结

有氧工作能力是足球专项体能的基础，通过有氧训练可以提高运动员的有氧工作能力。有氧训练可以分为3种。有氧低强度训练的目的是促进运动员在比赛或高强度练习后快速恢复到练习前的身体状态。有氧中强度训练有助于运动员在比赛中以更高的强度进行运动。而有氧高强度训练的目的是提高运动员在比赛中反复进行高强度活动的能力。为了获得最佳的训练效果，教练员在安排训练时应该遵守训练原则。

尽管本书中的有些训练示例都归类于不同的有氧训练——有氧中强度训练或有氧高强度训练，但教练员可以通过改变规则、场地大小或练习人数使练习强度发生相应的变化。

6. 无氧训练

无氧训练的目的

- 提高运动员在高强度活动时快速反应和快速产生能量的能力。
- 提高运动员通过无氧供能系统不断产生能量的能力。
- 提升高强度活动后快速恢复能力。

无氧训练的作用

无氧训练后运动员的生理机能的适应性变化：
- 提高神经系统与肌肉系统的协同性。
- 提高无氧酶活性。
- 提高产生和消除乳酸的能力。

无氧训练对足球的作用：
- 提升高强度活动的表现能力，如加速、冲刺、铲球、射门。
- 提高完成长时间高强度活动的能力。
- 提高在比赛中多次重复进行高强度活动的能力。

无氧训练分类

无氧训练可以分为速度训练和速度耐力训练。其中速度耐力训练可以分为耐受性训练和生成性训练（图6-1）。

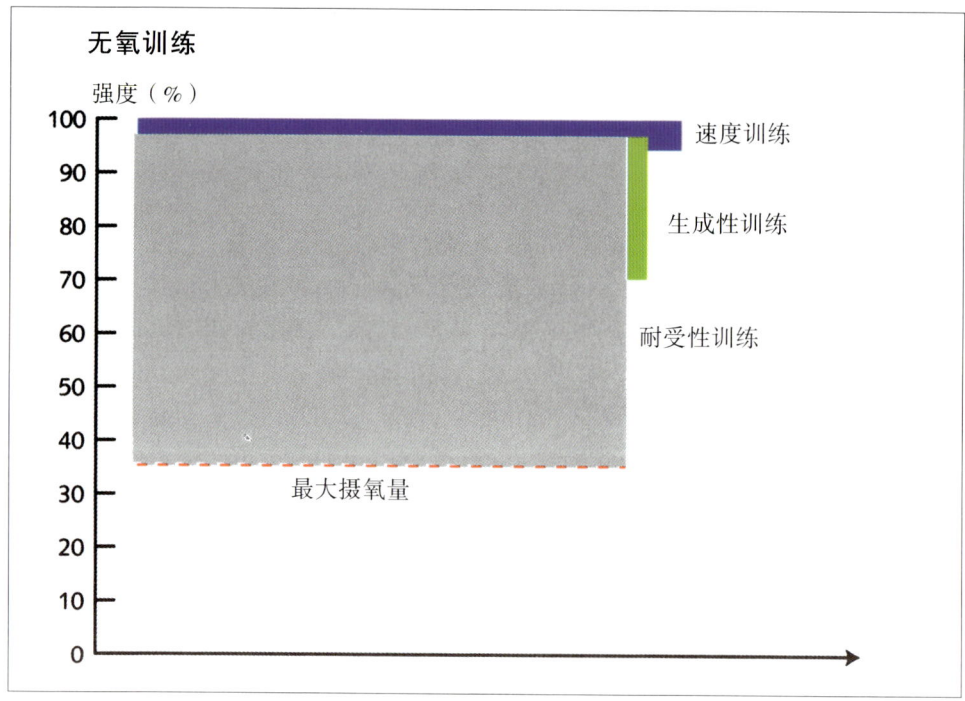

图6-1　足球无氧训练的组成。

速度训练（表6-1）

目的

- 提高运动员感知比赛情景，做出即时反应的能力（认知速度）。
- 提高快速反应的能力（评价与决策速度）。
- 提高运动员在高强度运动中快速产生力量的能力（动作速度）。

6. 无氧训练

表 6-1　速度训练原则

	练习（s）	间歇（s）	强度	练习次数
a	2~5	>50	最大（100%）	5~20
b	5~10	>100	最大（100%）	2~10

足球专项速度训练

在比赛过程中，运动员进行大量快速产生力量（force）的行为，如冲刺、快速变向。由于此类活动对于比赛结果有着重要的影响，因此，速度训练是非常重要的。

训练原则

在进行速度训练时，运动员应当在短时间内（10秒以内）尽全力进行运动（参见图6-1）。练习之间的恢复时间应该足够的长，以便运动员能够完全恢复，从而使运动员在随后的下一次练习中仍能尽全力完成。例如，通过对丹麦职业足球运动员的研究表明，在进行7秒的冲刺后，仅进行25秒的休息是不够的。

速度训练时运动员进行每个练习都必须竭尽全力。

速度训练应该安排在一节课中靠前的部分进行，因为这时候运动员精力更为充沛。但是，运动员在进行速度练习前应该进行充分的热身。如果每次练习所持续的时间为5~10秒之间，在一定程度上也会促进速度耐力的提高，这是因为，运动员在运动过程中动用了大量的乳酸能。因此，速度训练的最大作用是促进高能磷酸盐系统的供能能力。图6-2说明了练习时间与乳酸和非乳酸供能的关系。

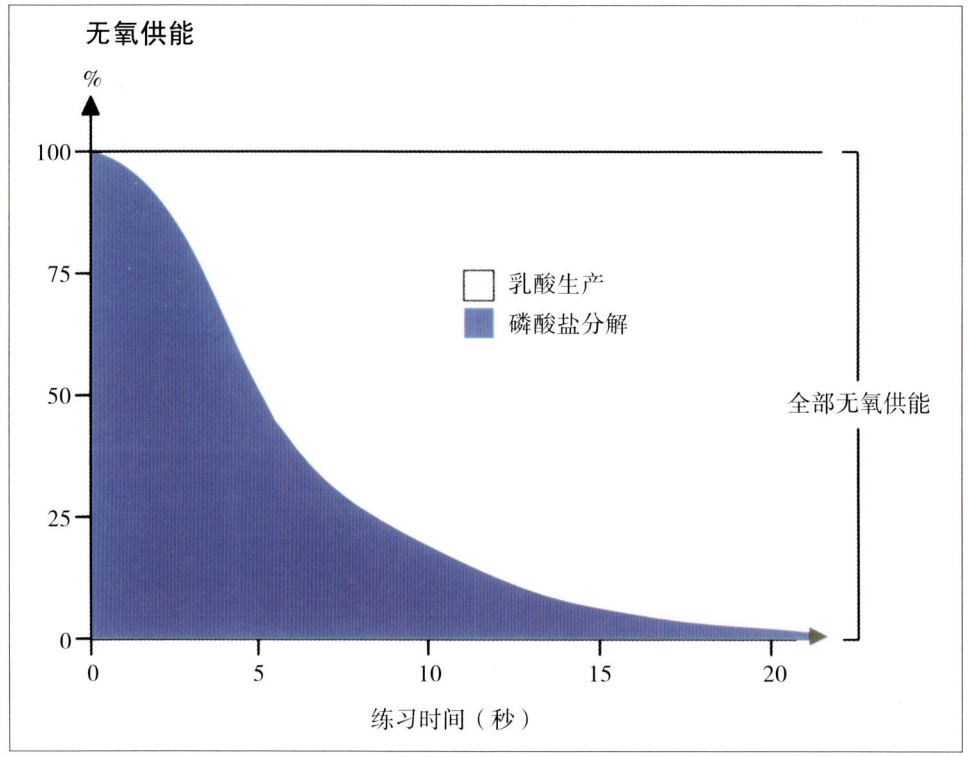

图6-2

图中显示无氧磷酸盐供能（深色）和乳酸能供能系统（白色），短时高强度运动过程中的比例。在时间少于10秒的高强度练习中，磷酸盐分解供能所占的比例非常大。

练习组织

速度训练应该主要以比赛式的练习方式（即所谓的功能速度训练）进行。采用这种形式的练习，可以在一定程度上提高运动员对不同足球比赛情况的预判和反应能力。因此，通过这种练习，不仅可以提高运动员的无氧系统产生能力的准备效率,而且还可以提高足球专项速度。运动员在进行练习时,某些信号(如哨音)与运动员在比赛中真正要接受的信号是不一致的。此外,纯速度类的训练形式对于足球专项肌肉的训练不够充分。

纯速度训练是传统足球速度训练的主要形式。因此,运动员通常会认为速度训练是不结合球的训练。尽管从足球专项的角度考虑,这种训练对于足球专项不是最佳的方式,但从生理学的观点来看,在训练中可以偶尔安排一些纯速度的练习。通过这样的练习可以使运动员产生某些适应,如听信号做出快速反应。教练员安排纯速度训练的原因之一,在于这种形式非常易于组织、易于达到训练目标。但是,教练员在安排功能速度训练时应该更有想像力、创造性,在此过程中要不断地评估运动员是否达到训练目标。训练中教练员需要明确的是,功能性速度训练的好处要远远大于一般性的纯速度训练。

速度训练方法

以下为速度训练方法示例。

比赛速度不仅依靠肌肉快速供能的效率,而且与球员快速感知、评估和决策的能力有关。

练习1——追捕练习（图6-3）

练习区域：10米×60米。

练习人数：10（6~15）名。

练习组织：在相距40米的两侧各放置2个标志桶，供球队员（S）站在两侧标志桶之间（图6-3）。队员站成一排。

练习说明：供球队员（S）与练习队员首先进行一个回合的传接球，之后供球队员将球踢向其中一侧的标志桶（20米）。练习队员要在球传到标志桶之前追到球。

练习规则：无特殊规则要求。

得分方式：以球未到标志桶前，队员追到球的数量计算得分。

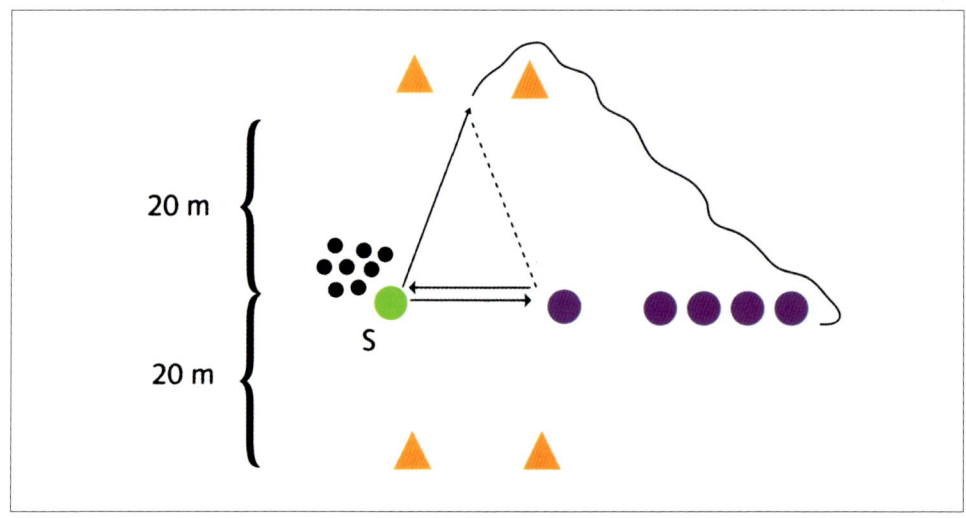

图6-3　追捕练习

练习变化： a. 改变冲刺距离，如变成10米或30米。

     b. 供球队员（S）与练习队员不断地互相传球，直到供球队员（S）决定把球踢向其中一个标志桶。

     c. 将队员分成两组——进攻队员和防守队员。防守队员站在进攻队员身后。进攻队员先与供球队员进行一个回合的传球，之后，供球队员将球踢向一侧标志桶。防守队员要尽力阻止进攻队员将球带过小球门。之后，进攻队员与防守队员角色互换。

执教提示：在最开始的几次练习时，运动员不要用最大速度进行练习，应由70%最大速度逐渐过渡到80%、90%，然后进行最大速度的冲刺跑。供球队员要掌握踢球力度，从而能够让运动员在标志桶之前触到球。即使在触到球可能性非常小的情况下，运动员也应该全力以赴。在完成一次练习后，运动员可以走回出发点，等待下一次练习的开始。供球队员的传球即为练习开始的信号，这种练习更为专项化。练习过程中，供球队员和练习队员注意力应高度集中。在2名队员站好或目光有接触后练习才开始，也可以安排其他队员站在练习队员身前数米。

在练习变化a中，主要改变了冲刺的距离。但是教练员应该知道的是，在足球运动中，大部分的冲刺都是少于3秒钟的。

在练习变化b中，运动员需要长时间保持高度的注意力，这一练习对运动员的要求更高。

练习变化c增加了竞争性因素，运动员的练习动机也会相应提高。在练习变化c中，防守队员不要事先行动，他应该在知道进攻方向后才能采取行动。

练习2（图6-4）

练习区域：1/2足球场，一个标准球门。

练习人数：16（4~22）+ 1名守门员。

练习组织：2人一组。练习可以从场上不同的地点开始。

练习说明：同组的2名运动员站在供球队员（S）的前面。供球队员向前传球，在球被传出后，2名队员即冲刺抢球。抢到球的队员即为进攻队员，而另一队员则成防守队员，抢到球的队员尽量射门得分。

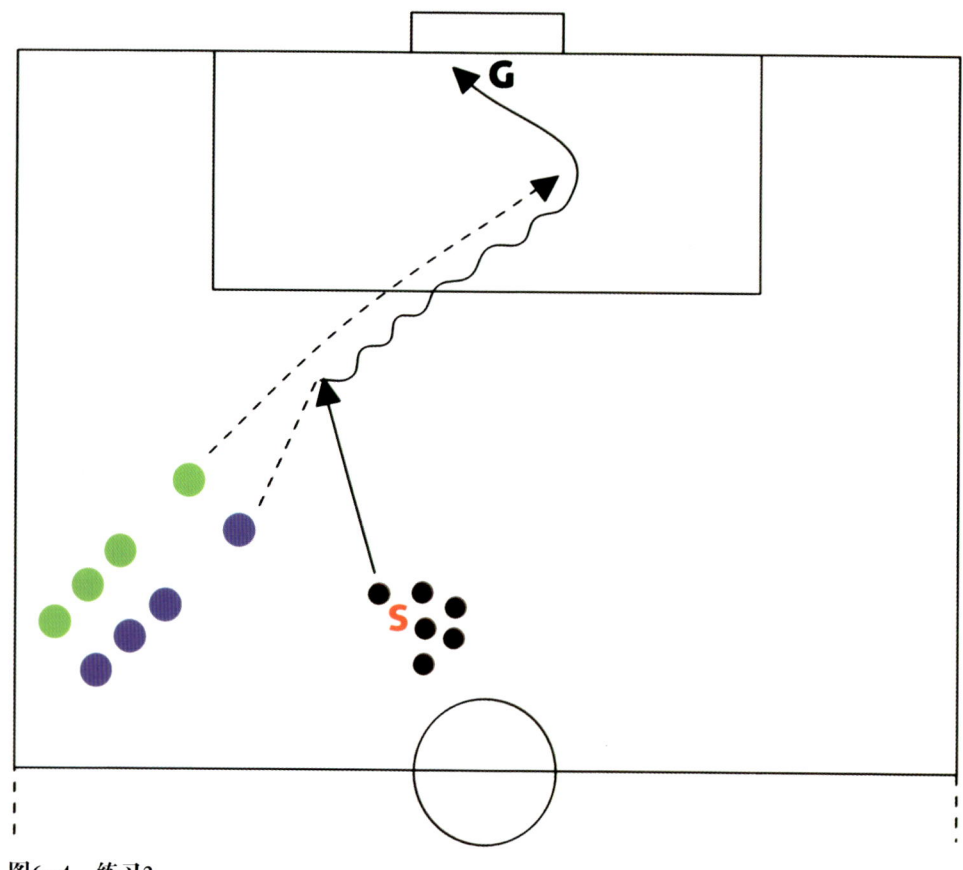

图6-4　练习2

6. 无氧训练

得分方式：按常规得分方式计分。

练习变化：a. 同组2名队员背对球门，即面对供球队员。

b. 一名队员控球，并站在防守队员前面3米的地方。控球队员全力高速带球冲向球门，防守队员必须以最快的速度回防，阻止对手得分。

c. 同练习变化b，但是控球队员首先必须带球绕过一个标志桶。

d. 一名队员带球站在防守队员前面。控球队员将球短传给供球队员（供球队员更接近球门），并接回传球，之后攻击球门。防守队员全力防止对手得分。

执教提示：首先，在练习中运动员应当全力以赴。教练员应鼓励进攻队员带球直接攻击球门。练习的出发点可以是场上的不同位置，在练习过程中运动员要保持高度注意力。

练习3（图6-5）

练习区域：一个大圆圈，中间加一个小圆圈，如同中圈。

练习人数：10（6~15）名。

练习组织：运动员每人一球，开始时都位于小圆圈区域内。

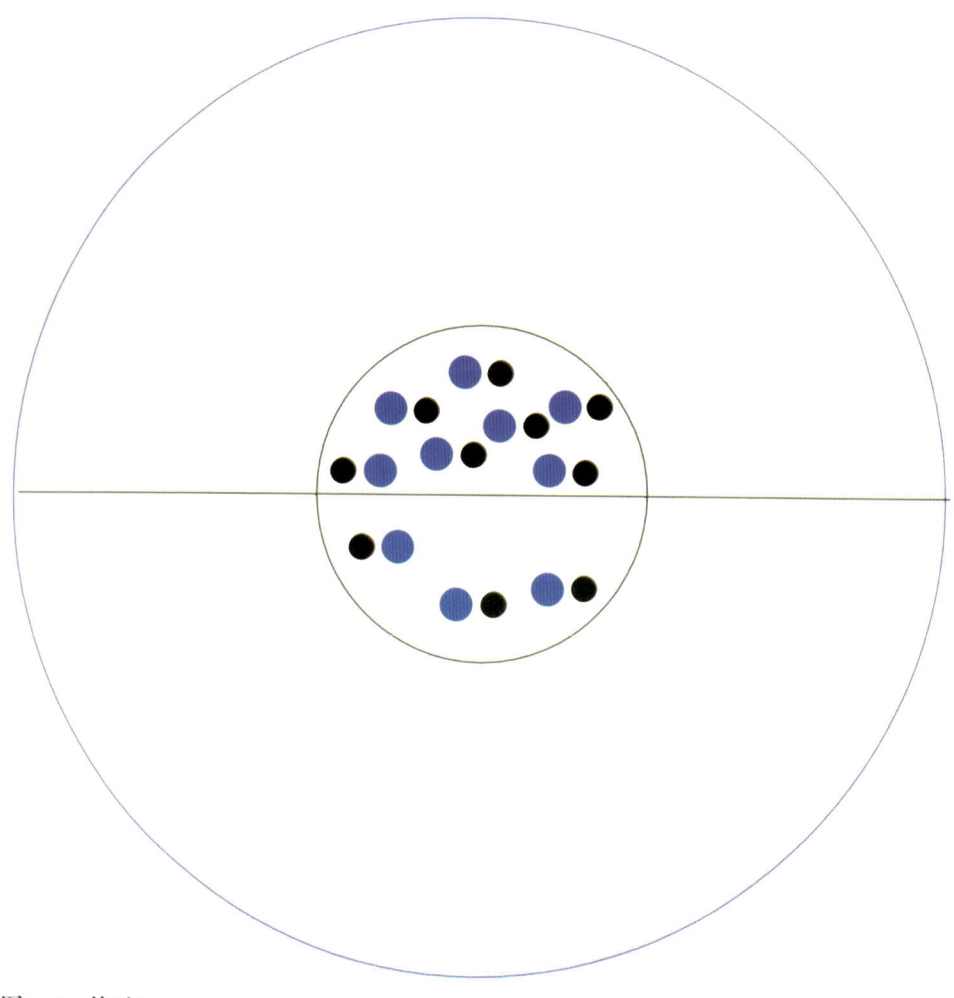

图6-5　练习3

6. 无氧训练

练习说明：运动员位于内圈中运球，每名运动员在想办法控制住自己的球的同时，力争破坏对方的球。如果自己的球被踢出内圈，运动员尽力在球被踢出外圈之前追回球。之后，运动员再运球回内圈继续运球。

练习规则：无特殊规则要求。

得分方式：如果运动员的球被踢出外圈，则该运动员得负1分，而将球踢出去的运动员得1分。得分最多的运动员获胜。

练习变化：a. 将所有运动员分成两队，两队相互踢对方的球。谁将对方的球踢出外圈一次得1分。球被对方踢出去的队员必须以最快的速度将球追回。得分最多的球队获胜。

b. 将所有运动员分成2队。进攻方运动员控球，均站在内圈。防守方队员位于内圈与外圈之间的区域。听到教练员的口令后，进攻方队员在规定的时间内（如10秒）将球运出外圈。而防守方应尽力抢断球。之后，两队交换。得分方式，在规定时间内将球运出外圈的人数，即为该队的得分。最后，将几次进攻得分相加，得分多的队为获胜队。

执教提示：在球被其他运动员踢出内圈后，教练员应该激励运动员马上快速冲刺追球。另外，需要强调的是，运动员应该运球走回内圈，这样就可以保证运动员有充分的休息时间。

采用练习变化a和b可以使练习的竞争性更强，从而可以提高运动员的动机。练习b更强调运动员的高速运球技术。

比赛1（图6-6）

练习区域：足球场具有一个中区和2个标准球门。

练习人数：3v3+6v6（3v3+3v3 — 4v4+8v8）+ 2名守门员。

练习组织：每队3名队员为"中场队员"，在练习开始时，他们只能停留在中间区域。其他6名运动员为"冲刺队员"。在进行一定时间的练习后，"中场队员"与"冲刺队员"交换。

练习说明：本练习包括两个子练习。

子练习1

"中场队员"持一个球在中场进行3v3比赛（"冲刺队员"不能参与），他们的目标是攻击对方的一排标志桶。当某队用球击到对方的一个标志桶后，他们则快速将自己的标志桶与对方的标志桶放在一排。

子练习2

进行子练习1的"中场队员"可以将球随时传给同队的"冲刺队员"。"冲刺队员"尽力追球并完成射门。只有在球进入阴影区域后，"冲刺队员"才可以射门（参见图6-6）。在球被传出中场后，防守队员应全力夺回球权。如果防守队员抢断球，他可以继续进攻，可以在任何地方射门。每次各队仅允许一名队员从中场区传球进行对抗练习。

球一旦传出子练习1的中场区后，参加子练习1的对方的一名队员应快速跑到本方标志桶后拿球，比赛继续进行。

练习规则：守门员必须停留在罚球区内。

得分方式：在子练习1中，击中对方标志桶得1分，在子练习2中每进一球得3分。累计得分最多的球队获胜。

练习变化：

    a. 每队有2名"冲刺队员"参加进攻。

    b. 在子练习1中同时使用2个球。

6. 无氧训练

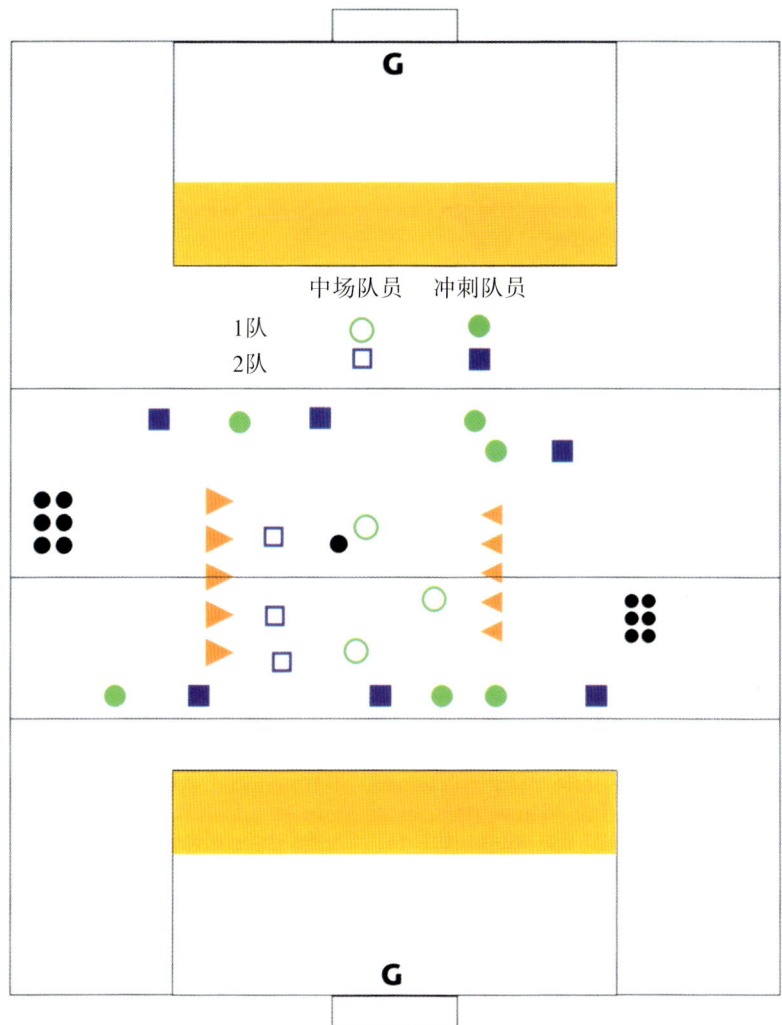

图6-6 比赛1

执教提示:"中场队员"的任务不仅要想办法攻击对方的标志桶,还要设法将球准确地传给本方的"冲刺队员"。"冲刺队员"和另一队的防守队员要全力抢球。在完成一次攻防后,冲刺队员可以走回中场区域,从而保证充分的休息。

在练习变化a中,运动员的冲刺次数会有所增加。但是,如果运动员的休息时间太短,冲刺质量会有所下降。在练习变化b中,运动员的冲刺次数应当增加,因为子练习1的"中场队员"会有更多的时间和空间把球传出中场区域。如果教练员采用子练习1的变化,应当适当增加"队员"的人数。

速度耐力训练

目的

- 提高运动员通过无氧能量供应系统快速产生功和能量的能力。
- 提高运动员通过无氧能量供应系统持续产生功和能量的能力。
- 提高运动员在高强度活动后快速恢复的能力。

足球专项无氧能力训练

研究表明,高水平足球比赛过程中,运动员会产生大量的血乳酸。此外,比赛分析的研究结果也证明了,比赛水平越高,运动员高速跑的次数和距离也越多(参见图5-9)。因此,在训练中,教练员需要重视乳酸能系统和反复高强度活动能力的训练。通过速度耐力训练可以提高运动这方面的能力。

为了了解速度耐力训练对于比赛表现的影响,作者对丹麦高水平运动队进行了研究。在本研究中,该队的一半队员要进行为期6周的功能性速度耐力训练,除正常训练外,运动员每周还要进行2次,每次30分钟的速度耐力训练。其他队员仅进行正常的训练。在6周的训练期前后,所有的球员均进行足球专项体能测试。数据表明,进行了无氧耐力训练的球员的成绩显著提高,而没有进行无氧训练的球员的体能测试成绩没有变化(图6-7)。

通过与比赛相关的活动训练乳酸能系统。

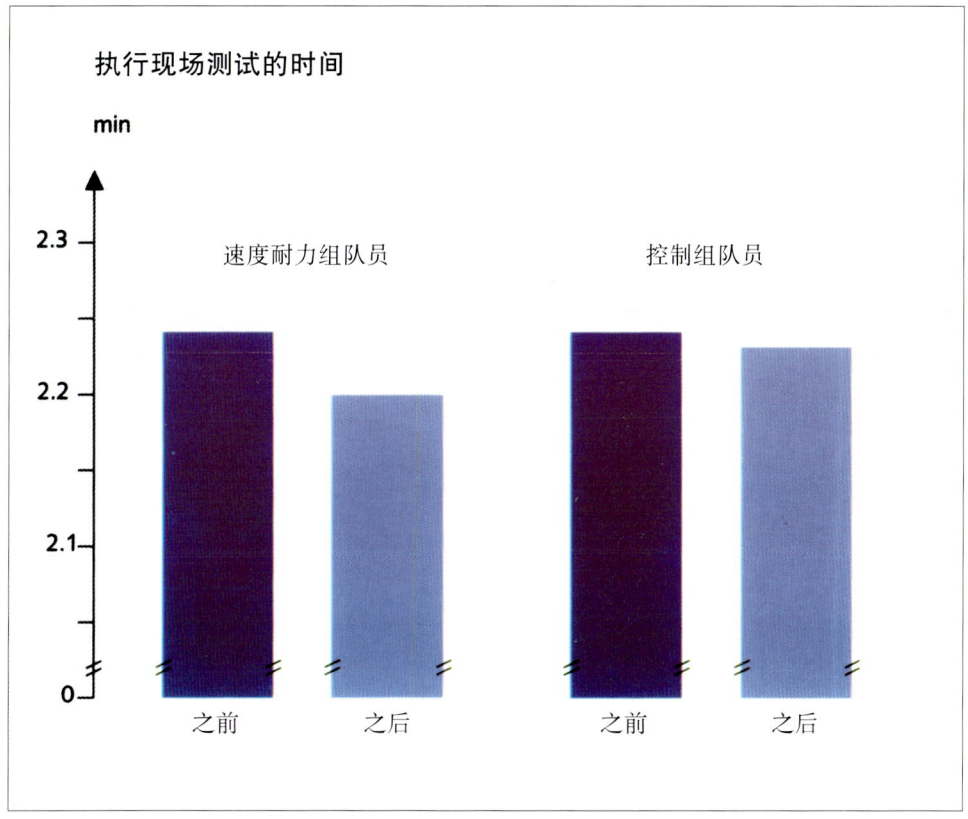

图6-7

图中显示了两组高水平运动员在赛季中两次测试结果的对比。"控制组"在场地测试成绩没有提高，而"速度耐力组"（实验组）的测试成绩更为出色。

无论是对于比赛的研究，还是对于训练的研究都表明速度耐力训练对于足球运动员运动表现的提高有促进作用。但是，由于这种训练方式对身体和心理提出了非常高的要求，作者仅建议高水平运动员采用这种训练方法。此外，在训练时间有限的情况下，不建议采用此方法。总之：

- 速度耐力训练对于提高高水平运动员的运动表现是有效的。
- 速度耐力训练不是主要的训练方法，非高水平运动员可以不采用这种训练方法。
- 速度耐力训练不适应16岁以下的运动员。

1对1对抗需要无氧供能系统提供高能量。

训练原则

速度耐力训练可以分成两种类型，即生成性训练（production training）和耐受性训练（maintenance training）。生成性训练的目的是提高运动员在相对短的时间内最佳表现的能力；耐受性训练的目的是提高运动中保持高强度运动的能力。

速度耐力训练的强度应该达到最大强度，这也就意味着练习必须遵循间歇训练（interval principle）的原则进行（表6-2）。因为在进行10~20秒足球比赛式的练习时，很难达到最佳训练效果，所以如果采用足球比赛式的速度耐力训练时，作者推荐每次练习的时间应该在20秒以上。在进行生成性训练时，每次练习的时间相对较短（10~40秒），而间歇时间相对较长（1~4分钟），这样的安排可以使运动员在每次练习时都能以最高的强度进行。在耐受性训练中，练习的时间应该在10~90秒，而间歇时间几乎与练习时间相等，通过这样的安排，可以使运动员的疲劳逐渐积累。表6-2为两种不同的速度耐力训练原则。

表6-2 速度耐力训练原则

Ⅰ耐受性训练				
	练习（秒）	间歇	强度	次数
Ⅰa（耐受性训练）	10~90	练习间歇比为1∶1	大至非常大（45%~100%）	2~10
Ⅰb（耐受性训练）	10~90	练习间歇比为1∶3，间歇期进行有氧低强度活动	大非常大（45%~100%）	2~10

Ⅱ 生成性训练				
	练习（秒）	间歇	强度	次数
Ⅱa（生成性训练）	10~40	练习间歇比为大于1∶5	非常大（70%~100%）	2~10
Ⅱb（生成性训练）	10~40	练习间歇比大于1∶5，间歇期进行有氧低强度训练	非常大（70%~100%）	2~10

如果速度耐力练习的时间超过1分钟，教练员可以采用心率监控的方式了解训练强度。在每次练习的最后阶段，运动员的心率应该几乎达到最大。图6-8显示的是某名运动员在一次速度耐力训练课中的心率与血乳酸反应。该练习的组织方式为：1/3场地，2v2人盯人攻守比赛。每次练习的时间为1分钟，间歇时间为1分钟。

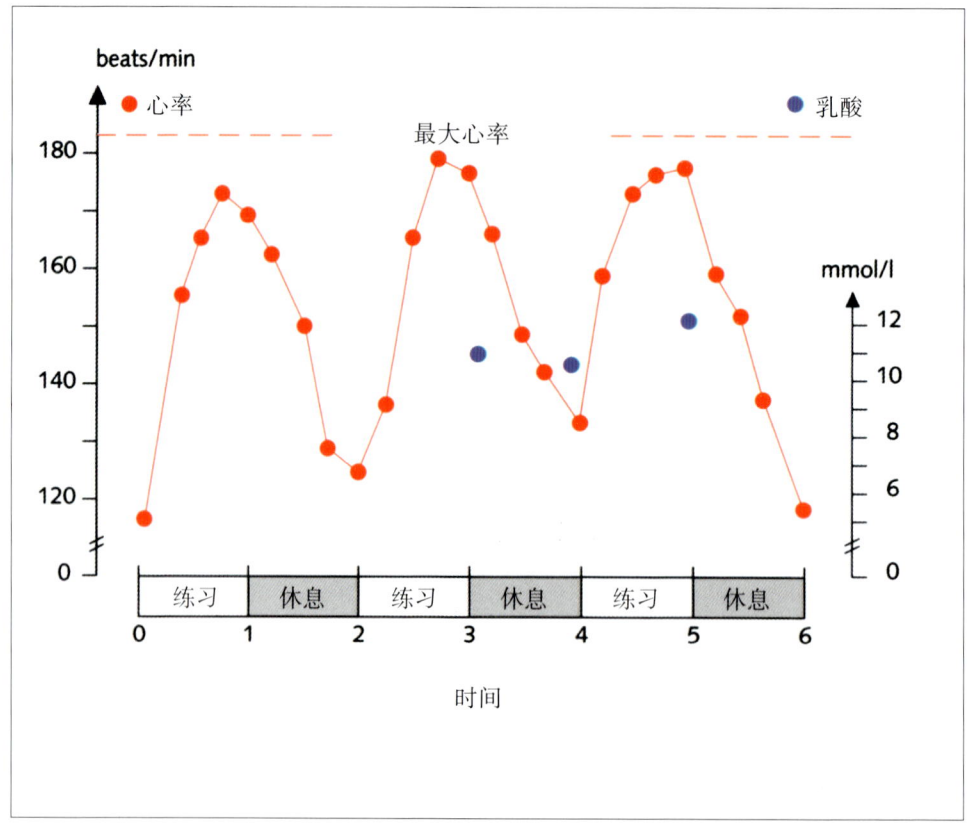

图6-8

图中显示运动员在1/3场地，2v2人盯人练习时的心率（●）和血乳酸（●）反应。运动员的心率在1分钟练习结束前几乎达到了最大心率，而在1分钟间歇后低于120次/分。血乳酸浓度在第2次和第3次练习结束后分别为11mmol/l和12mmol/l。这说明了，在练习中运动员产生了大量血乳酸。因此，本练习为耐受性速度耐力训练。

6. 无氧训练

运动员进行2对2速度耐力训练。

练习组织

实际上在进行速度耐力训练时，运动员不可能会在整个练习期间都为最大强度水平运动。很多因素（如战术要求）都会影响练习强度。第一章图1-10，即说明了如何调节速度耐力训练的强度。

为了保证练习强度，教练员有必要不断地口头激励运动员全力以赴进行练习。在场地周围放置一些球，从而减少练习中断时间也是保证练习强度的重要因素。在练习间歇时，运动员应该进行恢复性活动，如慢跑捡球。

由于练习对运动员的身体影响较大，耐受性速度耐力训练应该安排在一节课的最后阶段进行。但是，教练员应该在这种练习后安排一些强度低的练习，从而促进运动员的快速恢复。

速度耐力训练方法

以下为速度耐力训练方法，一些示例包括无球练习。

耐受性速度耐力训练方法

练习1——进攻（图6-9）

练习区域：1/4足球场，1个标准球门。

练习人数：2+2 v 2+2（1+1v1+1）+1名守门员。

练习组织：每队由2×2各队员组成，队员轮流进行练习。

练习说明：常规的足球练习，两队用同一个球门。首先由供球队员（S）传球至练习区域。某队先开始进攻，如球被守门员获得或踢出场外，则另一队开始进攻。如果进攻方射门得分，则接供球队员的传球继续进攻。

练习规则：无特殊规则要求。

得分方式：常规得分方式。

练习类型：固定间歇时间。如1~2分钟练习，同样长时间的间歇。

练习变化：a. 采用人盯人的方式。

b. 当某队获得控球权，在进攻时他们必须将球带至绿色区域后才能继续进攻（参见图6-9变化b）。

c. 只有当球发展出绿色区域后，绿色区域内的运动员才可以参与进攻。

执教提示：教练员应该在练习过程中不断地激励运动员保持高强度运动。在练习变化a中练习强度要明显增加，因此为了保证训练强度，教练员可以考虑减少练习时间。如果某名运动员不能盯住对手，其他两名运动员的训练强度也会相应受到影响。因此，教练员要安排能力相当的队员相互盯防。在练习变化b中，射门的次数会有所减少，从而保证了练习以高强度的方式进行。在练习c中，运动员需要快速跑回绿色区域，从而防止对手干扰进攻。在这一练习中，即使运动员会偶尔短时间的站立不动，但整体运动强度还会非常高。在练习变化c中，绿色区域越小，练习强度越大。

6. 无氧训练

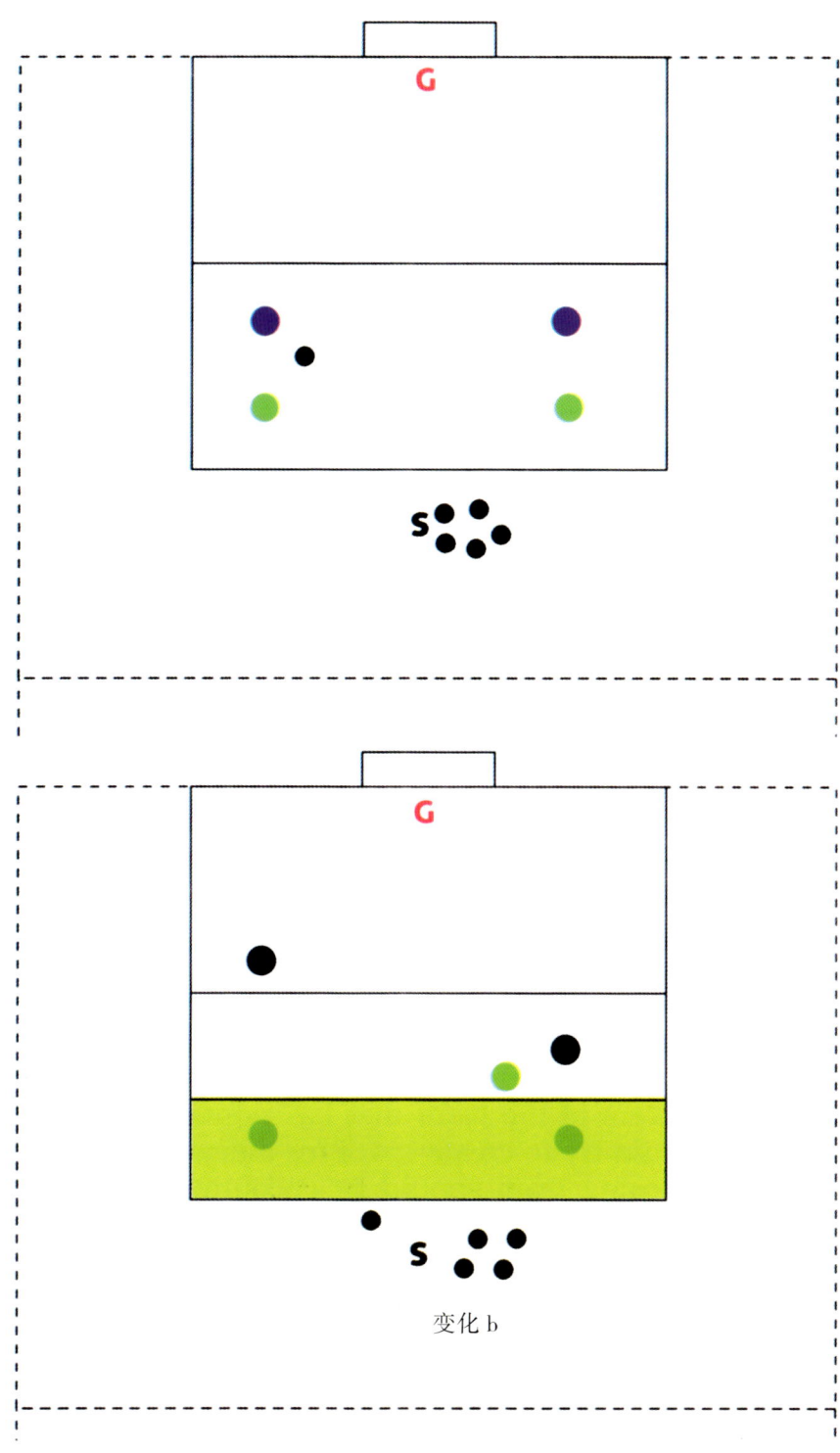

变化 b

图6-9 进攻

练习2——向前与回防（图6-10）

练习区域：1/3足球场，5个小球门。

练习人数：3+3v3+3（2+2v2+2—4+4v4+4）。

练习组织：每队由2×3名队员组成，他们轮流进入场地练习。每队进攻对方的和防守本方的2个球门，以及中间区域的"公共"球门。

练习说明：常规的足球练习。控球一方进球后继续进行比赛，但是他们必须进攻其他的球门。在场边没有进入场地练习的队员为接应队员——进行"墙式传球"。

练习规则：无特殊规则要求。

得分方式：从球门两侧进球均有效。

练习类型：固定间歇时间。如练习1分钟，休息1分钟。

练习变化：a. 人盯人防守。

b. 改变得分方式：球穿越球门后，并被队友接到后得分。

执教提示：控球方队员应不断为队友创造空间，教练员还应激励防守方尽快夺回球权。如果防守方采取每名队员站在一个小球门附近进行防守的策略，教练员应该及时增加球门宽度或增加球门的方式迫使他们改变防守策略。球门越大，练习强度也会相应提高。练习变化a会增加练习强度。但是，如果互相盯防的2名队员体能水平相差较大，整个练习的强度也会受到很大的影响。采用练习变化b的方式，可以在一定程度上解决这一问题。

6. 无氧训练

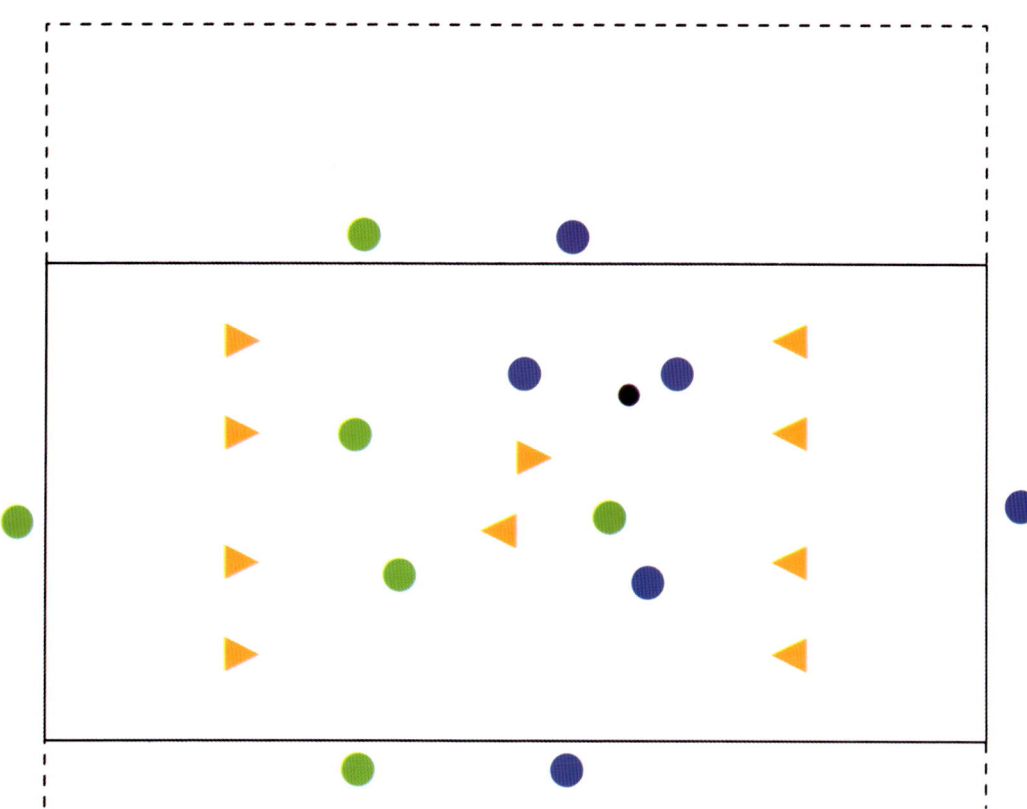

图6-10 向前与回防

练习3——组合练习（图6-11）

练习区域：将全场分成4个区域——包括2个区域（②+④）和2个外围区域（①+③）。

练习人数：2×4v4（2×3v3—2×5v5）。

练习组织：本练习包括2个子练习，练习首先由子练习1开始（中场的2个区域内分别进行4v4比赛）。在听到教练员的口令后，运动员按图6-11所示，转换场地进行子练习2。

练习说明：本练习包括两个子练习

子练习1：

多球门练习（参见图5-14）。中场区域内队员持1个球进行8v8（分别在2个区域内形成4v4）。队员进行控球比赛。

子练习2：

多球门练习（参见图5-14）。在2个外围场地进行4v4比赛（①+③）。运动员将球传过小球门（或标志桶），并被同伴接到后即得1分。

练习规则：在练习过程中，运动员必须呆在自己所被安排的区域内。在子练习2中，运动员不能跑过球门。

得分方式：在子练习1中，进行一定次数（如10次）的连续传球后，即得1分。在子练习2中，将球传过球门并被队友接到即得1分。

练习类型：固定间歇时间，如子练习2的练习时间可以安排90秒，子练习1的练习时间可以安排3分钟。

练习变化：a. 在子练习2中，采用人盯人的方式。

b. 在子练习2中，将球传过球门后，接球队员必须一次触球将球传给某名队友（但，球不能传过球门）。

6. 无氧训练

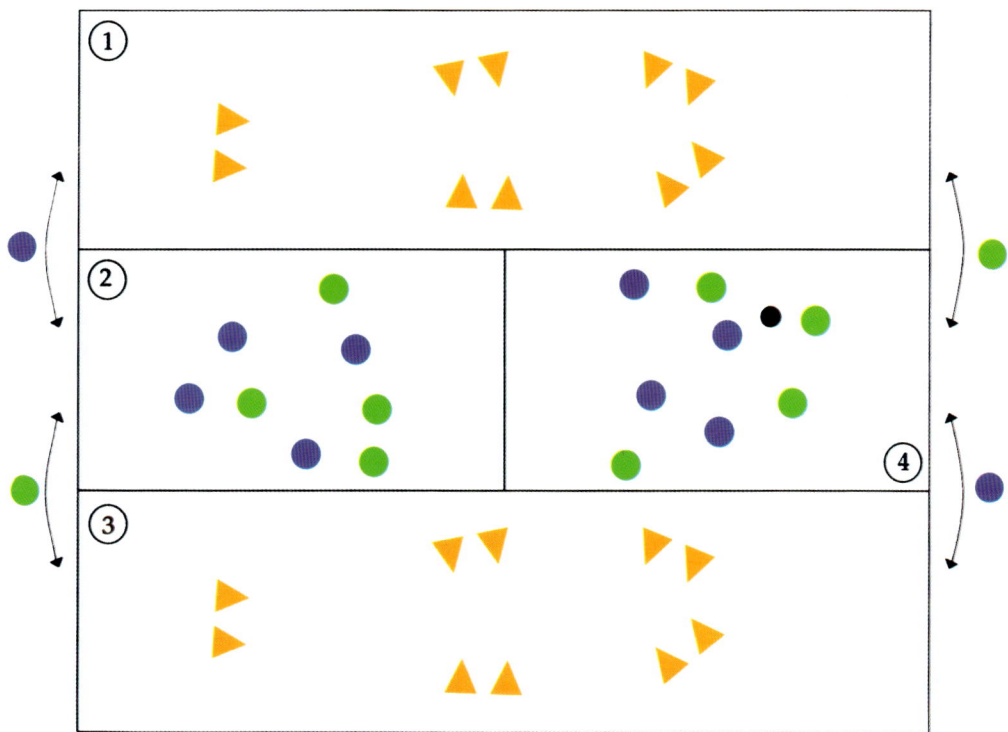

图6-11 组合练习

执教提示：本练习中，子练习2为耐受性速度耐力训练，在这一练习中，教练员要激励运动员全力以赴投入比赛。而子练习1是子练习2的恢复性活动。因此，子练习1的运动强度相对较低，但是，教练员仍要鼓励运动员保持运动。教练员可以通过改变球门数量和宽度来改变子练习2的运动强度。通过练习变化a，可以提高子练习2的运动强度。通过练习变化b，可以提高练习强度，同时也可以作为对进球更多的小组的限制性因素。

无球练习

练习1——回旋滑雪（图6-12）

练习区域：1/2足球场。

练习人数：不限队数。每队由3~4名队员组成。

练习组织：可以按图6-12中所示的方式摆放标志桶。各队位于2个标志桶之间。

练习说明：队员在跑步的时候，应手持一件物品（如分队服）。听到教练员发出指令后，第一名队员按图6-12中所示路线快速跑动，并返回起点将物品交给同伴。之后，其他队员继续奔跑。每名运动员进行若干次（如3次）跑动后练习结束。

得分方式：首先完成规定次数跑的队获胜。

练习类型：间歇式练习，如近似1分钟的全力运动，2分钟间歇。合计练习时间，如23分钟（2轮次，每轮次每人3次全力跑。每轮次间歇时间为5分钟）。

练习变化：运动员站在跑动路线的两端。

执教提示：运动员应该尽最大能力跑动。为了能够保证练习的竞争性，教练员应该按能力将运动员平均分队。通过练习变化可以缩短练习时间和间歇时间。

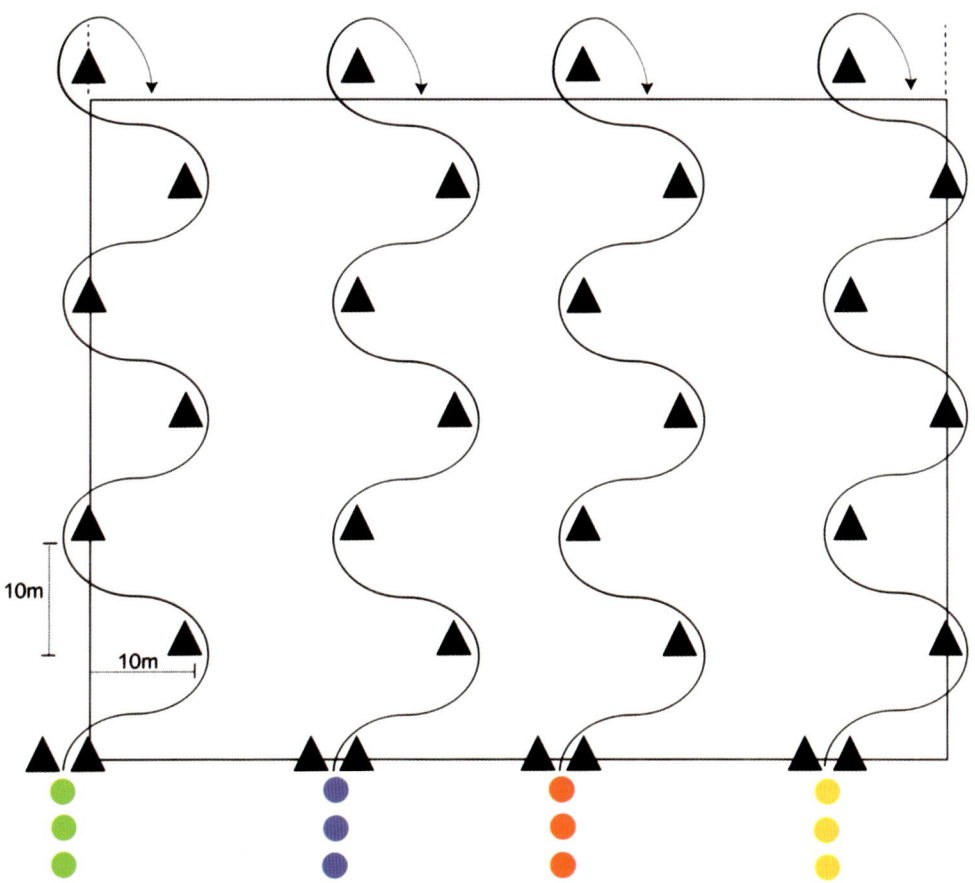

图6-12 回旋滑雪

生成性速度耐力训练方法

练习1——追捕练习（图6-13）

练习区域：一个小内圆圈（内圈直径3米），一个大圆圈（外圈直径20米）。

练习人数：5（4~8）名。

练习组织：1名供球队员（S），1名速度耐力（SE）练习队员，最少2个球。运动员轮流练习。

练习说明：供球队员从内圈向外踢球（1）。速度耐力练习队员要尽力在球被踢出外圈前追到球。速度耐力练习队员追到球后，以最快的速度运球回内圈。在速度耐力练习队员将球运回内圈后，供球者再将另一球（2）踢出。

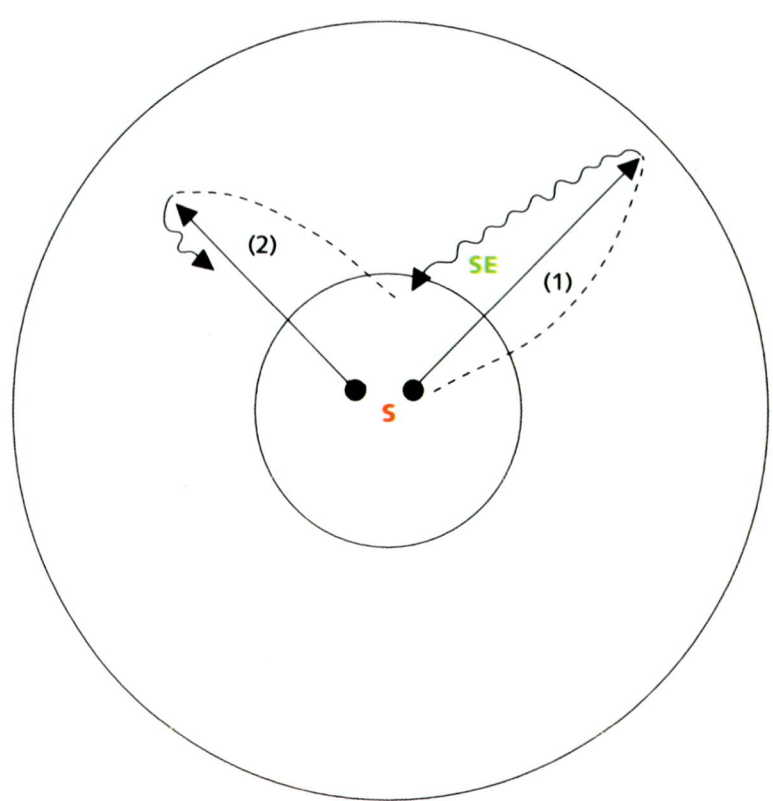

图6-13　追捕练习

6. 无氧训练

练习规则：无特殊规则要求。

得分方式：以速度耐力队员从小圈外追回球的数量计算，数量越多，得分越多。

练习类型：固定间歇时间，如练习20~30秒，间歇2~3分钟。

练习变化：a. 只用1个球练习。速度耐力练习队员追到球后，直接将球传给供球者，练习者直接再将球踢到另一个方向。
b. 2名队员一起追球，首先追到球的队员应快速将球传给供球者，而另一名队员应尽力阻止对手传球。供球者接球后直接将球踢到另一个方向，可踢另一个球。

执教提示：保持练习强度是本练习的关键。供球者可以控制练习的要求，其传球应该是在球出外圈之前速度耐力队员有追回的可能。在练习变化a和b中，供球者应尽快将球传出，只有这样才能保证练习的强度。通过限制练习队员的触球次数（如最多3次触球），可以有效地保持运动强度。如果传球失误，供球者应快速用备用球，从而保证练习的连续性。

练习2——射门（图6-14）

练习区域：1/3足球场，1个标准球门。

练习人数：6（5~8）+1名守门员。

练习组织：1名供球者（S），1名速度耐力练习队员（SE），1个标志桶，若干个球。运动员轮流进行练习。

练习说明：供球者传球给速度耐力练习队员，该队员接球射门后，围绕标志桶跑后再接球射门。

练习规则：无特殊规则要求。

得分方式：计算在规定时间内练习中进球数。

练习类型：固定间歇时间，如练习20秒，但间歇2.5分钟（即5×20+5×10秒）。

练习变化：a. 供球者传空中球，速度耐力练习队员直接射门或控球后射门。
b. 可以要求速度耐力练习队员运球过守门员后射门。
c. 可以让速度耐力队员踢定位球（供球者每次都把球摆好）。

执教提示：教练员激励运动员射门后以最快的速度绕跑标志桶，再进行下一次射门。如果采用练习变化b，教练员应该限制运动员的触球次数（如最多6次触球后必须射门），以此防止运动量降低。

6. 无氧训练

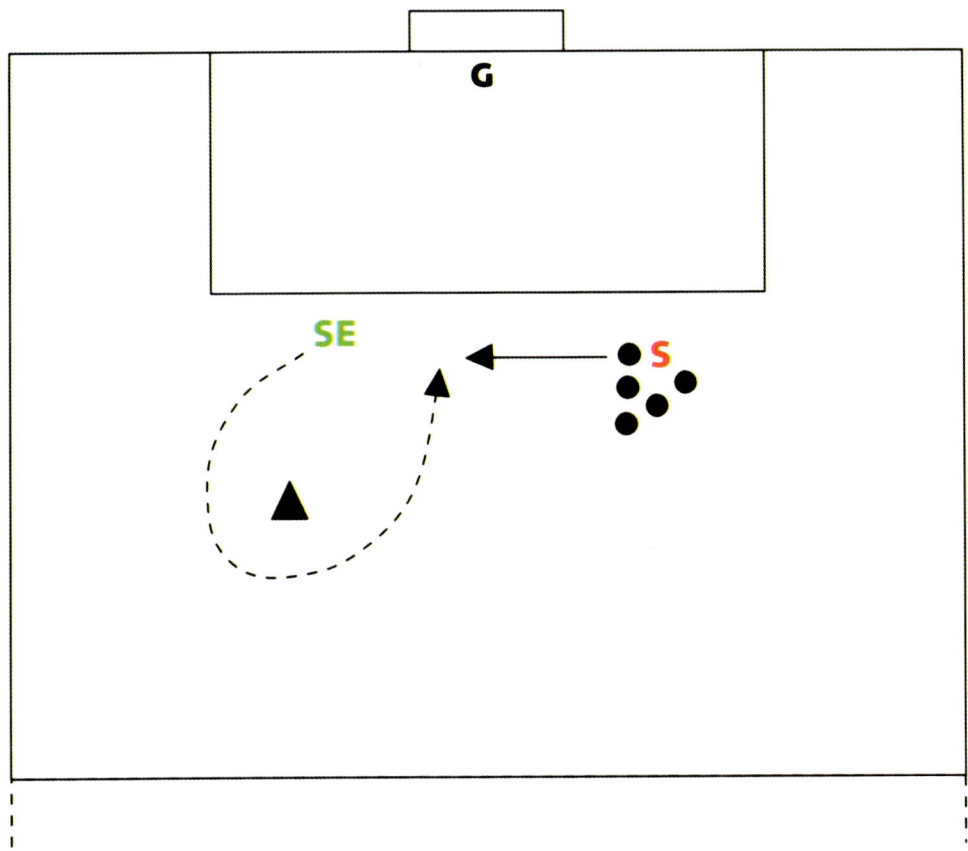

图6-14　射门

练习3——混战（图6-15）

练习区域：1/2场地，2个标准球门。

练习人数：6 v 6（5 v 5—9 v 9）+ 2名守门员。

练习组织：在场地周围放置一些球。本练习包括2个子练习，运动员首先完成子练习1。在教练员发出口令后再进行子练习2。在子练习2完成后，必须把球重新放置在球场周围。

练习说明：本练习包括2个子练习。

子练习 1：常规足球练习，1个球及常规记分法。

子练习 2：练习需要很多的球。运动员在规定的时间内，争抢放置在球场周围的球，（射对方球门）并完成射门，如果进球，球应安置在球门内，不能重复使用。比赛双方争取进更多的球。

练习规则：无特殊规则要求。

得分方式：在子练习1中，每进一球得5分；在子练习2中，每进一球得1分。

练习类型：间歇式练习。子练习1的练习时间约为5分钟；子练习2的练习时间大约在40秒。

练习变化：a.在子练习2中，将两队分为进攻队员和防守队员。防守队员要全力阻止对方进攻队员得分。

b. 在子练习2中，要求双方自由组合，每次用1个球进行2v2攻防。

c. 在子练习2中，进攻队员只有在进入球门区后方可射门。

6. 无氧训练

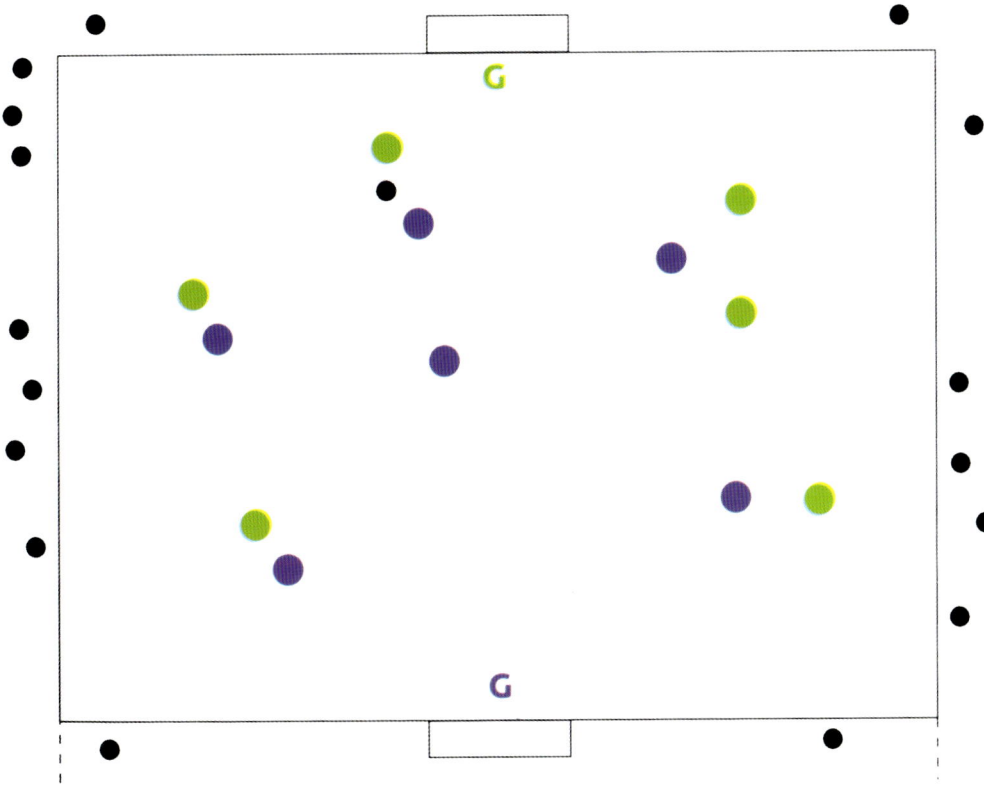

图6-15 混战

执教提示：子练习2的训练强度几乎达到最大强度（生成性速度耐力训练）。教练员应该向队员强调，跑动越积极，得分越多的道理。在初次使用这种方法时，子练习2看起来使用没有组织性，但是，运动员会逐渐了解练习的要点。在子练习1中，教练员应该控制练习强度，使练习的强度相对较低，可以采用减小场地或增加练习队员的方式。

通过练习变化a和b可以增加训练强度。如果运动员在子练习2中过多采用远射的方式射门，教练员可以采用练习变化c来提高训练强度。

无球练习

练习1——接力赛（图6-16）

练习区域：整个足球场，或较小的一块区域。

练习人数：15名（3队，每队5名）。

练习组织：在每侧球门后及中线与边线交界处分别放置1个标志桶。每队1名队员站在标志桶边线和球门处。每队多出来的队员也站在起点标志桶处。

练习说明：听到教练员的口令后，起点的队员手持一个物品（如标志服）开始沿着场地边线顺时针跑。在跑到下一个标志桶时，将物品交给同伴。

练习类型：间歇式练习。如每人跑15秒，间歇60秒。共进行若干次的练习（如 3×5 分钟，每名运动员跑3圈）。

得分方式：首先完成规定圈数的一队为获胜队。

执教提示：教练员应该要求运动员全力冲刺。为了保证练习的竞争性，教练员在分队时就使每队实力相当。

6. 无氧训练

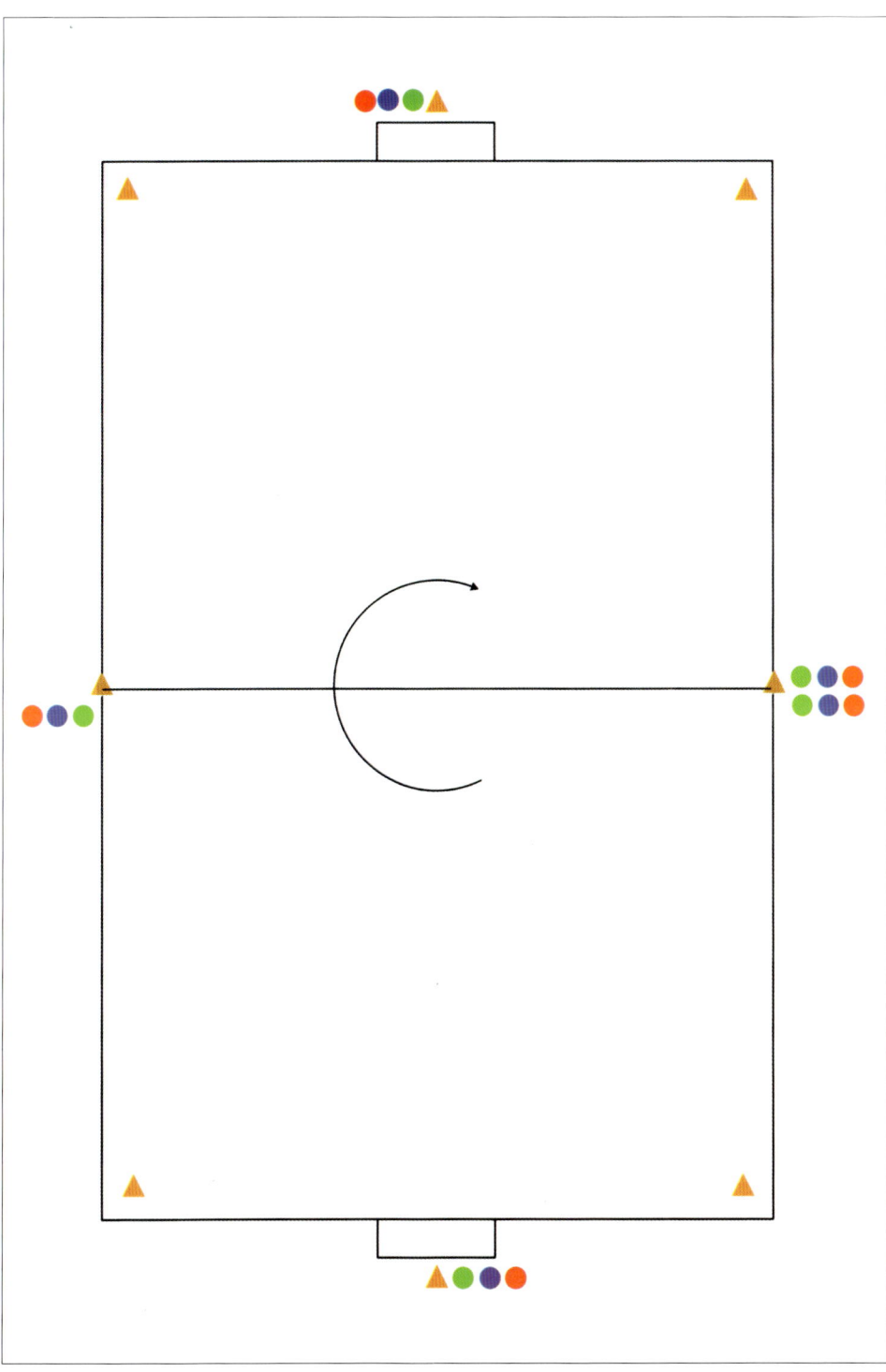

图6-16 接力赛

总结

无氧训练包括速度训练和速度耐力训练。速度耐力训练可以分为生成性速度耐力和耐受性速度耐力训练。

就足球运动而言，决定足球专项速度的因素不仅是运动员身体能力，还包括运动员的决策速度。因此，速度训练的目的应该包括提高在比赛条件下运动员的预判、决策和行动速度。为了达到这一目的，速度训练应该主要以有球训练的方式进行。

通过速度耐力训练，可以提高运动员快速产生力及保持肌肉高功率输出的能力。通过速度耐力训练可以提高运动员在比赛中高强度运动的频率和时间。对于高水平运动来说，速度耐力是非常重要的能力。

7. 训练计划

为了适应足球比赛的需要、保证技术在整场的发挥，足球运动员需要具备高水平体能保障。正因如此，体能训练在整个足球训练体系里占据着非常重要的地位。但是，体能训练的重要程度取决于多种因素，如运动员除体能外的其他能力水平（图7-1）和非针对体能训练为主的其他训练内容的练习负荷。在制定训练整个设计时，教练员要充分考虑训练类型和运动员的负荷，特别是对于高水平运动员来说更是这样。无论受训练者的足球水平如何，每名运动员都有属于他自己的最佳训练刺激区域（图7-2）。换言之，运动员只有接受这一训练区域的刺激，才可能得到最大程度的提高，如果训练刺激小于最佳刺激，运动员就很难得到提高；如果训练刺激大于最佳刺激，对运动员只能产生一般性的刺激（过度负荷）。如果运动员长时间接受过度负荷，则可能导致"过度训练"，在这种状态下，运动员就会出现明显的、长期的运动表现下降。

在安排体能训练技术时，教练员要考虑不同的训练阶段这一问题。一年可以分为准备期、赛季中和间歇期。本章重点分析如何确定一年中不同训练阶段的重点，以及如何准备赛会制比赛。需要强调的是，由于运动员的个体差异，在体能训练时，每位运动员的侧重点会有所不同。此外，教练员应该根据具体情况不断地修改和调整训练计划，例如，有时为了促进运动员心理和生理上的训练，教练员可以适当地减少高强度训练的时间。正因如此，如果在减少训练量的情况下保持体能水平也是我们要讨论的问题。

准备期

准备期包括赛季最后一场比赛结束后至下一赛季第一场比赛开始前这一时间段。准备期可以分为体能保持期和体能重建期。体能保持期始于赛季最后一场比赛结束后至球队集训前；而体能重建期始于球队集训开始至下一赛季第一场比赛开始前。由于每个国家的情况不同，这两个训练期的时间也各不相同。有些国家，体能保持期大约为8周，体能重建期为5~8周。而有些国家，整个准备期期长达4~6个月，体能保持期则在2~3个月。

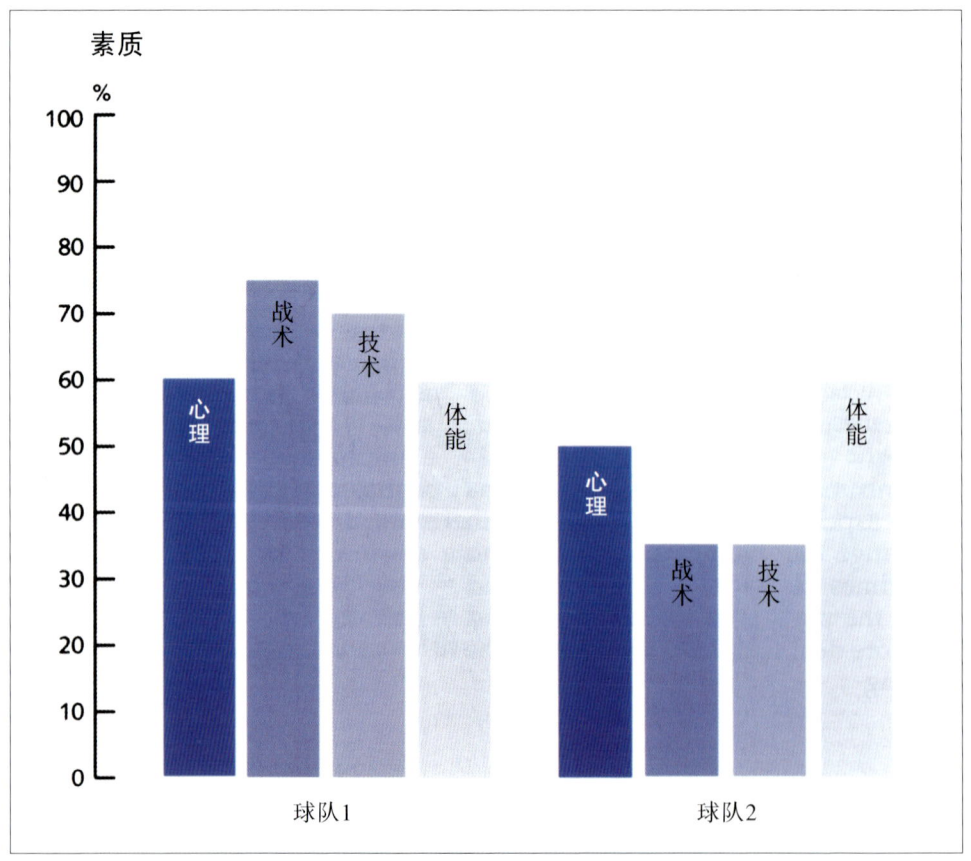

图7-1

图中显示了2支球队在足球专项不同方面的差别，如心理、战术、技术和体能等。这2支球队体能水平相当，但是球队1除体能外的其他能力都好于球队2。因此在体能方面，球队1需要花费比球队2更多的时间，而球队2则需要更多地进行技战术训练。

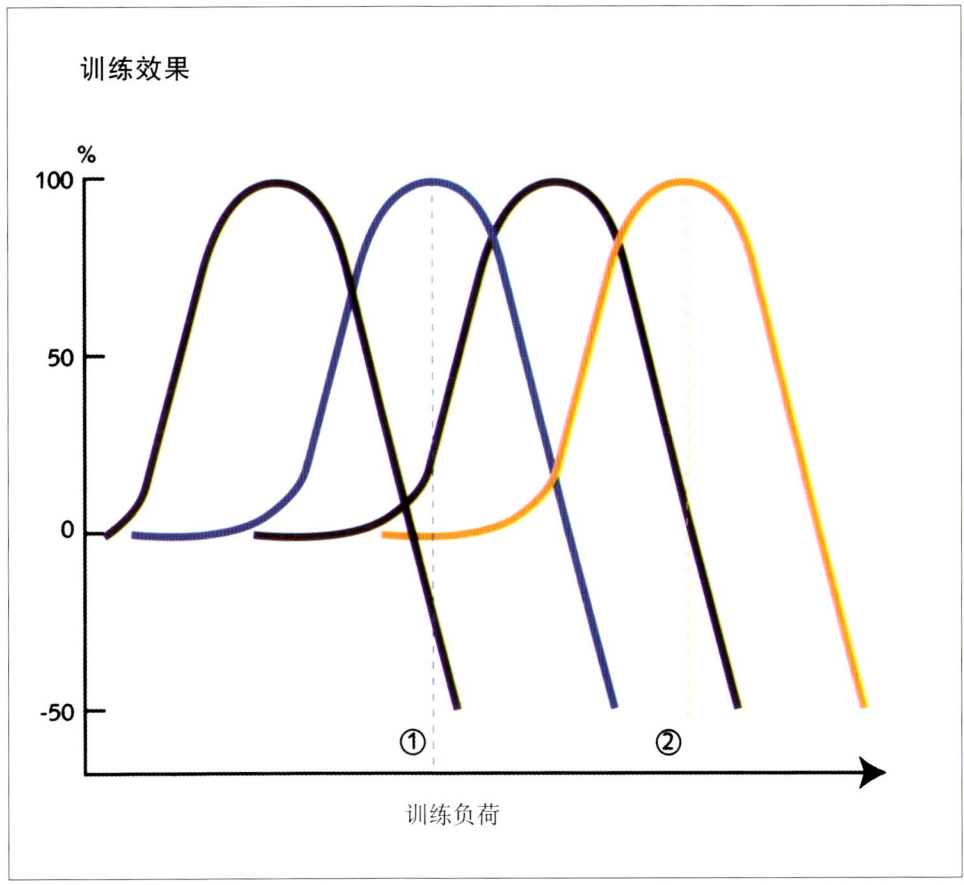

图7-2

图中显示了训练负荷对于不同训练潜力的运动员的训练效果。例如，运动员①每周进行2次训练，每次训练90分钟，包括有氧高强度训练和无氧训练。这样的运动负荷对于该运动员来说是最佳刺激。而如果运动员②采用同样的训练量和训练强度，体能水平则不能得到提高。运动员②应需要每周进行5次训练才能使体能水平得到明显的提高。如果运动员①进行与运动员②同等量的训练，他则可能出现"过度负荷"反应。

传统上，在保持期运动员主要进行心理恢复，并进行少量的身体训练；重建期的第一个月主要是进行体能训练，包括长距离跑和肌肉耐力训练。重建期开始阶段的训练通常强度较大，这是因为教练员希望运动员在赛季开始后体能水平达到最佳状态。这在一定程度上也说明了，为什么在这一阶段运动员的伤病较多。关于如何组织有效的准备期训练，下文将给予详细说明。

体能保持期

（自上一赛季结束至新赛季开始前8周）

在赛季结束后，如果运动员进行一定量的耐力训练，可以使因停训而导致的体能水平下降幅度减至最小。这就是说，在体能重建期开始前，运动员将具备良好的体能基础。为了促进运动员的心理恢复，可以鼓励运动员进行基本球类运动，如曲棍球或篮球等。每周训练课的次数依不同情况而定，一般每周要进行1~4次训练，包括个人训练。在体能重建期开始前的1个月，运动员需要增加训练频率，每周至少要进行2次训练。

详细计划

表7-1为非职业运动员体能保持期周训练频率和强度示例。训练强度以数字（1~5）表示。数字越大，强度越大。在体能保持期以强度3或4进行训练，说明训练的目标是提高或保持运动员的体能水平。

表7-1　周训练计划——体能保持期

天/时间	0~15	15~30	30~45	45~60	60~75	分钟
星期一	热身	3	3	4	3	恢复性活动
星期四	热身	3	3	3	4	恢复性活动

注：3=中等强度　4=高强度

体能重建期

（准备期开始前8周左右）

在体能重建期，体能训练应该多以结合球或比赛的方式进行。通过这种方式，一方面可以使运动员的专项肌肉得到锻炼，另一方面可以强化在一定身体负荷条件下技战术能力的提高。赛季的临近，每周训练次数逐渐增加。在某些国家，由于训练场地条件在体能重建期会发生变化（如从沙石地到草地），因此会导致运动员的肌肉受到不同方式的刺激。为了减少运动损伤发生的可能，训练场地的转换应以渐进的方式进行。

在体能重建期，教学赛是一种很好的体能训练形式，但是在运动员体能还不足以达到完成整场比赛需要的情况下，最好不要安排这样的比赛。

训练营/集训

在体能重建期，很多俱乐部会组织训练营/集训或赴外地训练。一般情况下，这种活动的持续时间在一周或几天左右。值得注意的是，很多教练员认为这是一个强化体能的好机会，在这期间会安排每天3次的高强度训练课。我们认为，这是一种错误认识，这种训练只会导致损伤的增加。很多球队，甚至包括顶级球队，在训练营/集训过程中都会出现损伤严重的伤号，并且大部分运动员身心疲惫。

训练营应该更名为"恢复"营，体能训练不应该是这一阶段的最重要任务。将球队集中起来的作用也不仅仅体现在体能方面。由于这一阶段，运动员在一起的压力比赛季期更小，更有利于促进团队精神。另外，这一阶段也是提高球队技战术水平的好时机。

详细计划

表7-2为非职业球队体能重建期周训练频率与训练强度示例（每次训练课的时间为90分钟）。

表7-2　周训练计划——体能重建期

天/时间	0~15	15~30	30~45	45~60	60~75	75~90	分钟
星期一	热身	3	3	4	3	3	恢复性活动
星期二	热身	3	5	3	4	3	恢复性活动
星期四	热身	3	5	2	4	3	恢复性活动
星期六	热身			训练赛/教学赛			

注：2=低强度　3=中等强度　4=高强度　5=最高强度

队员分站训练。

每次训练课的强度以不同的数字（1~5）表示。数字越高，强度越大。只有强度在4和5的训练课，才可能提高运动员的体能，此类训练课的主要目的是提高运动员的体能。训练强度为2和3的训练课，应该以非体能训练为主要训练目标，优先考虑比赛，其他方面如技战术训练。

在体能重建期，最好的方式是让队员进行分组训练。"分站"训练是一种易于组织且能够激发运动员动机的训练方式。图7-3展示了3个不同的"分站"训练方式。在这一练习中，包括3或4站有氧中强度和有氧高强度练习。

7. 训练计划

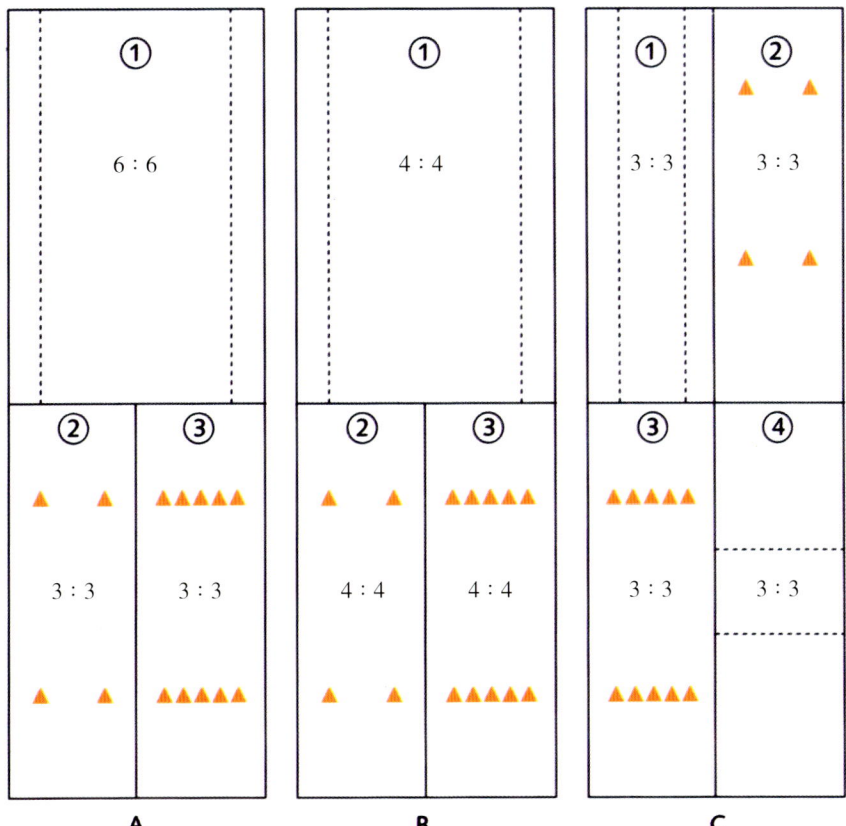

图7-3

图中包括3种不同的"分站"训练示例。本练习包括3站，即A、B和C站。共有24名队员，并将队员分成2队。

在A站①区中，12名队员分成2队进行练习6v6，在②和③区6名队员分2队进行3v3。练习一段时间后，进行轮换，3v3练习的队员改打6v6，在①区；而进行6v6练习的队员分成2队，在②和③区改打3v3。

在B站中，每个小区域中有8名队员（每队4名队员）。在C站中，每个区域有6队队员（每队3名队员）进行同样的练习。在B站和C站中，同一个区域中的两个小组在进行下一项练习时，分别与不同区域的练习队员交换练习场地，通过这种方式队员每次练习的对手都会不同。

通过这种训练组织方式，运动员会不断地在高强度和中等强度练习之间转换。其中，练习②和③为有氧中强度训练，而练习①和④为有氧高强度训练。训练安排示例：

第1站：钟摆练习（参见第五章）。
第2站：正式足球比赛，运动员可以在球门前后射门得分。
第3站：射标志桶得分（参见第五章）。
第4站：深度练习（参见第五章）。

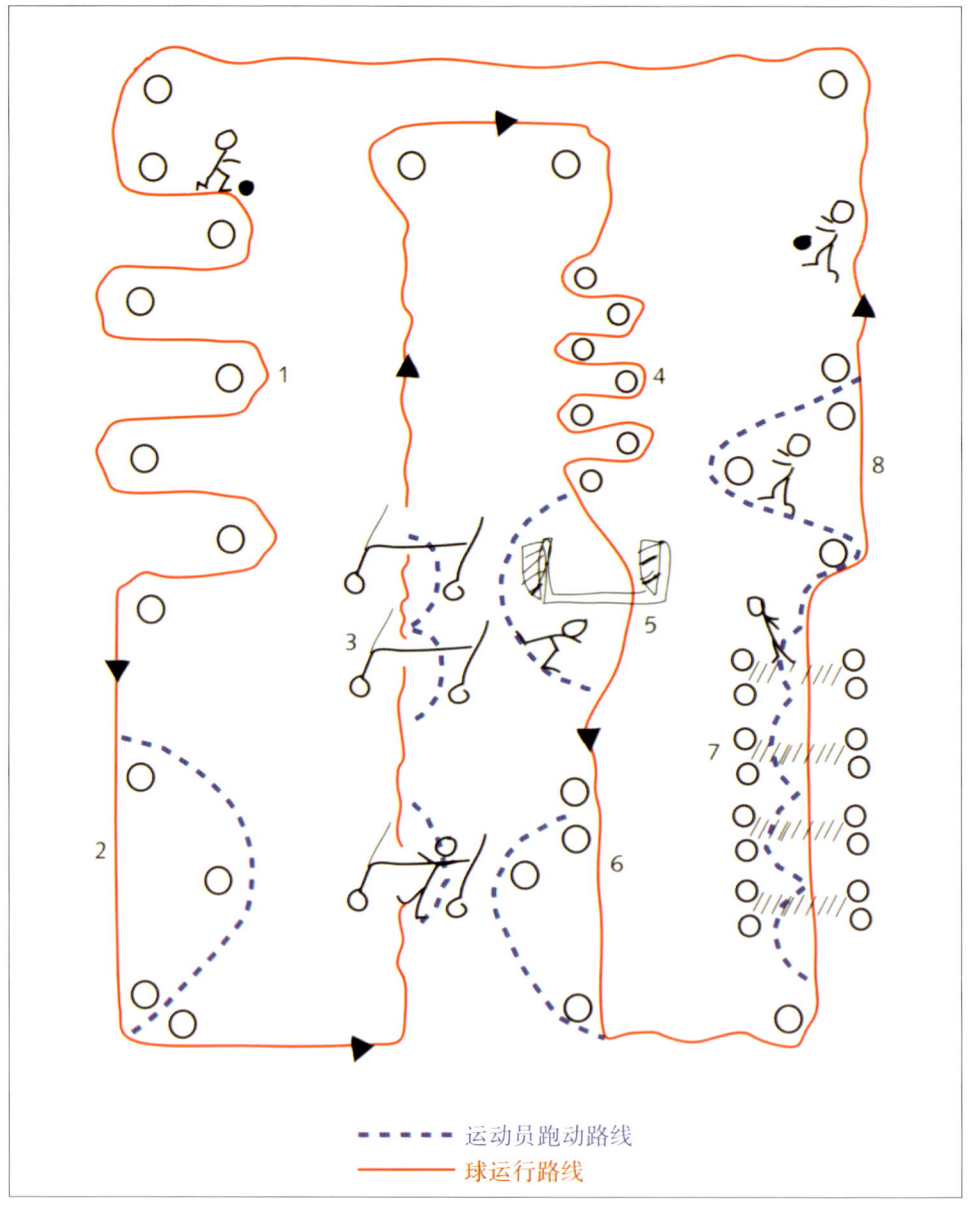

图7-4

图中显示足球结合球障碍练习示例。其中,实线（———）为球的运行线路,虚线（- - -）为运动员的跑动线路。

练习说明：

1：运动员之字形运球；2：向前传球,运动员绕过标志桶追球；3：传球向前,运动员跳过小栏架；4：练习同1；5：传球越过大球门,队员绕过一侧球门追球；6：练习同2；7：向前传球,队员跳跃式地通过标志区后接球；8：练习同2。

7. 训练计划

如果由于天气原因导致场地条件不佳,可以采用障碍跑的方法进行体能训练。运动员在进行这种练习时的训练动机较高,同时通过这种练习可以提高运动员的专项技术。图7-4为障碍训练示例:

准备期训练效果

丹麦某顶级俱乐部采用了与上述示例相似的准备期训练计划。在体能重建期前的6周(体能保持期),每周安排2次训练。在进入体能重建期后,训练次数逐渐增加至每周5次。在体能重建期前后,对运动员进行了一系列测试。图7-5为体能测试结果。尽管在体能重建期运动员的最大摄氧量提高幅度较小,但运动员的最大摄氧量基本上与竞赛期处于同样的水平。此外,在体能重建期,运动员的耐力水平有较大幅度提高。运动员在赛季开始前的体能水平与赛

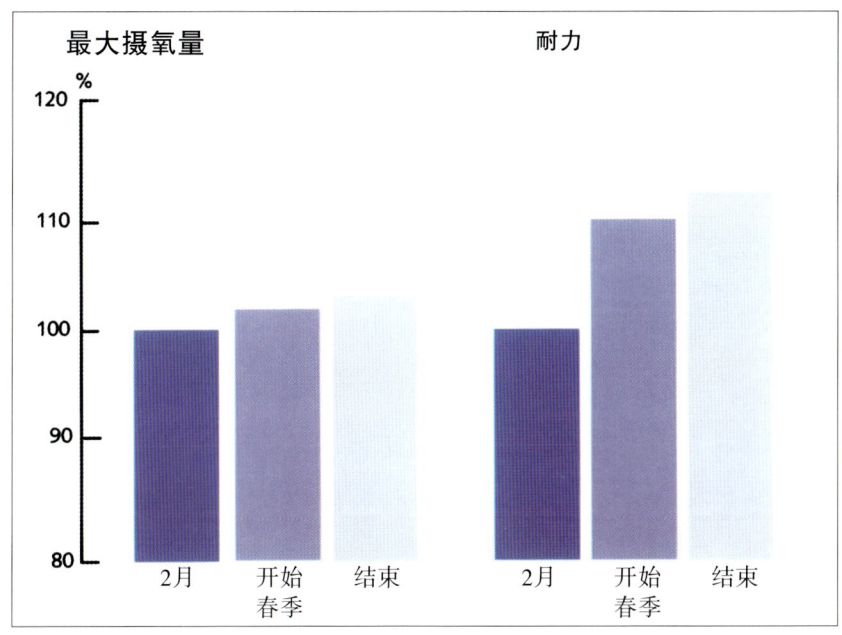

图7-5

图中显示丹麦某高水平球队一年中3个不同时期(2月底——体能重建期开始;4月初——赛季初;7月中旬——赛季中)运动员最大摄氧量和耐力水平。图中数据以2月底数据的百分比计(2月底的数据为100%)。在体能重建期,运动员的最大摄氧量和耐力水平仅稍低于赛季水平。因此,短时间的体能重建期对于运动员体能的恢复已经足够了。

季中的体能水平相当。这说明,通过有组织的准备期训练,运动员的体能水平可以在赛季开始前达到较高的水平。就该球队而言,球队在赛季开始前没有一名队员受伤,且开赛后赢得3连胜。

我们通过对丹麦某个参加欧洲冠军杯赛的俱乐部的研究发现,如果运动员的初始体能水平较高,通过相对较短时间的训练,运动员的体能也可以达到较高水平。我们在1月初(针对欧洲冠军杯赛而进行的高强度准备期前)、3月初(比赛前数天)和10月(赛季中)对运动员进行了3次测试。测试结果表明,运动员在比赛前的体能水平与赛季中的体能水平相当(图7-6)。

这些研究成果说明,即使在体能重建期较短的情况下(5~8周),足球运动员在赛季初就可以达到高水平的体能状态。但是,出现这种情况的前提条件是,他们在体能保持期体能水平没有出现明显的下降。

在每个准备期,球员大量触球是非常重要的。

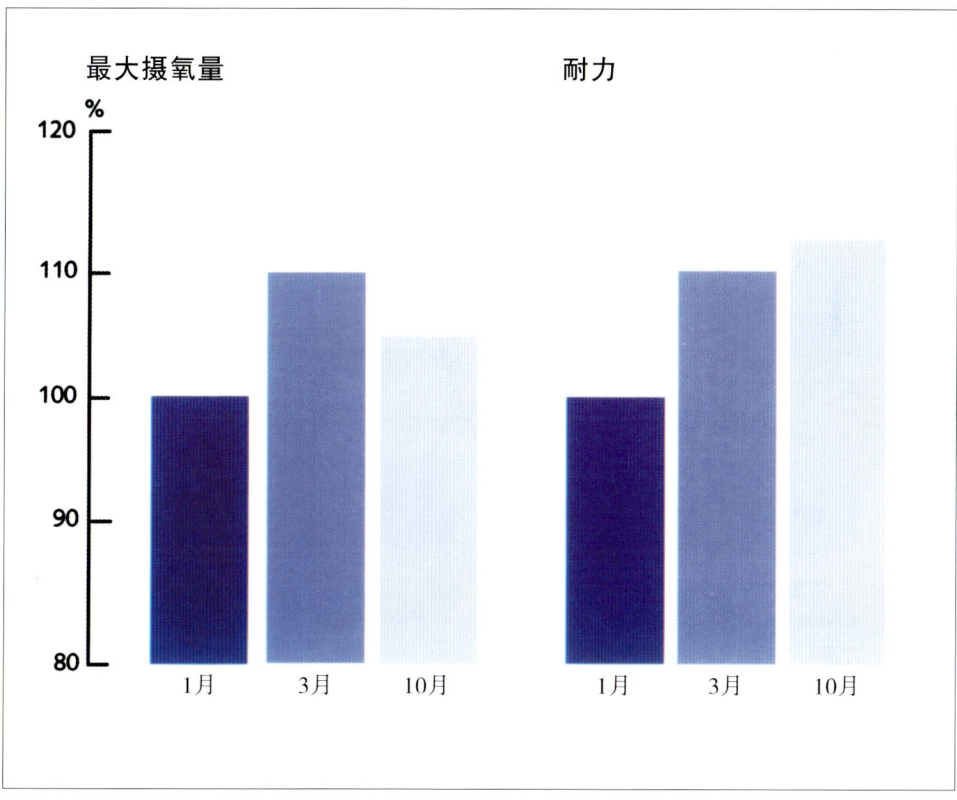

图7-6

图中显示丹麦某个职业俱乐部3次（1月初——体能重建期开始阶段；3月中旬——欧洲冠军杯比赛前；10月——赛季下半程）最大摄氧量、耐力测试结果分析。图中数据以1月初数据的百分比计（1月初的数据为100%）。

如果运动员在体能重建期具备较高水平的体能，那么在俱乐部训练开始后，便可从容地逐步提高运动员体能，同时，也可以使教练员把精力更多地放在足球专项的其他方面，如技战术。通过个人体能训练向俱乐部集体训练的逐步过渡，可使肌肉为高强度练习做好准备。如果前期准备充分，就可以避免肌肉酸疼，同时，运动员受伤的可能性也会降低，在进行高强度练习时，运动员的动机水平也会更高。而如果准备不充分，则运动员在体能重建伊始，往往会不可避免出现问题。此外，运动员身心出现"过度训练"情况的可能性也会降至最低。在地理位置更靠北的国家，准备期的训练一般都在冬季进行，在恶劣的天气情况下，训练课也会相应地减少。

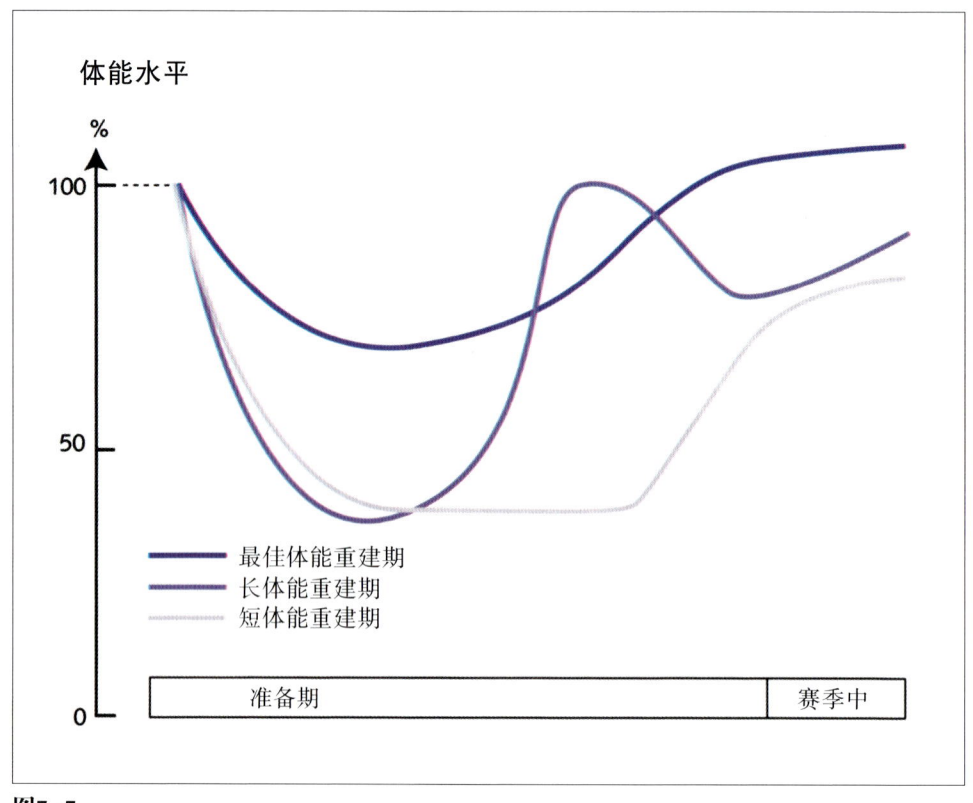

图7-7

图中显示为准备期运动员体能水平变化的理论模型,其中深蓝色(——)为本文推荐的变化模式。同时,图中也展示了没有安排体能保持训练的长体能重建期(——)和短体能重建期(——)运动员体能水平变化特征。

如果队员在体能保持进行了系统的训练,虽然在体能重建期运动员体能水平提高的幅度有限,但是只要通过短期的体能重建,运动员可以达到,甚至超过上个赛季的水平。如果准备期时间过长、训练强度过大,运动员可能在准备期就达到最佳体能状态;而如果运动员在体能保持期没有进行系统训练,同时体能重建期时间过短,则运动员在体能重建期体能很难得达到应有的水平。

图7-7为3种不同准备期训练模式后,运动员体能表现的变化。这3种模式分别为作者推荐的模式;体能保持期没有进行训练,但准备期时间长的模式;体能保持期没有进行训练,但准备期时间短的模式。

7. 训练计划

在很多训练和比赛期中,球员通过从事其他项目恢复体力。

在体能重建期早期，训练的重点应该是有氧高强度训练和速度训练（赛季开始前6周）。对于高水平运动员来说，在这一时期可以安排一定的速度耐力训练。教练员可以采用Yo-Yo间歇恢复测试和反复冲刺跑测试评价训练效果。作者在对丹麦超级联赛最终获得第2名和第3名的职业俱乐部球队的体能重建期，应用上述两种测试方法进行了评价。如图7-8和图7-9所示，所有位置上的运动员在进行高强度间歇活动的能力及冲刺能力都有所提高。这也说明了，有氧高强度训练和无氧训练对于提高运动员的运动表现能力是有效的训练方法。

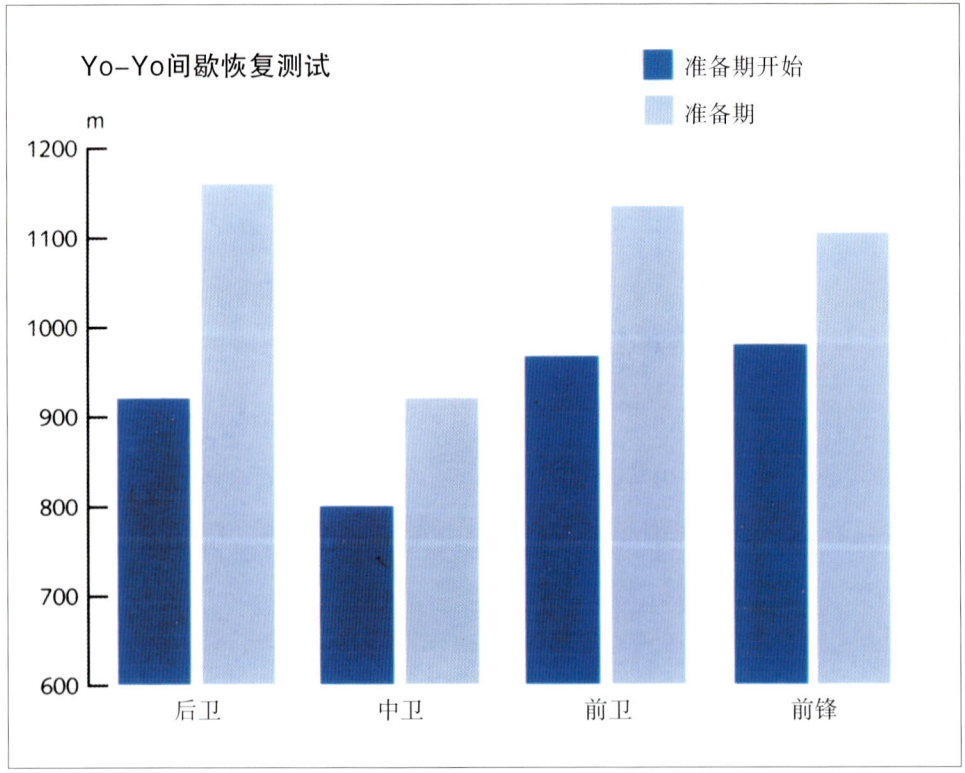

图7-8

图中显示不同专项位置36名丹麦职业运动员体能重建期开始及6周后（联赛开始前2周）Yo-Yo间歇恢复测试成绩。由图可知，运动员的测试成绩有了明显提高，体能水平已经接近欧洲顶级运动员水平。

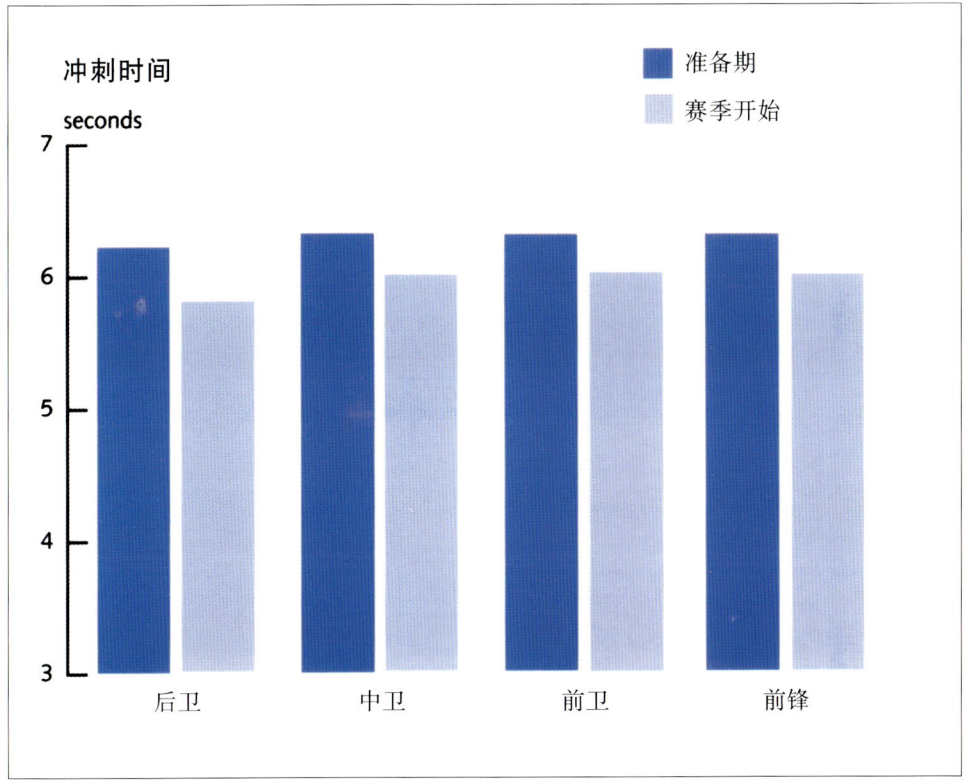

图7-9

图中显示不同专项位置的36名丹麦职业运动员体能重建期开始及8周后冲刺速度成绩。每个专项位置运动员的成绩都有显著提高,说明了体能重建期的训练是有效的。

小结——准备期

准备期可以分为体能保持期和体能重建期。在体能保持期,训练主要以有氧中等强度训练为主,从而保证运动员在体能重建期开始前具备良好的体能基础(参见表7-3)。在体能重建期,教练员应该安排更多的有氧高强度训练和速度训练,并且对于高水平运动员来说,可以安排速度耐力训练(参见表7-3)。在进入体能重建期2~3周后,教练员应该安排水平较高的练习比赛。在这一时期,可以安排集训,但是集训的目标不应该是以提高运动员的体能水平为主。

表7-3 准备期训练要点

	体能保持期		体能重建期	
有氧训练				
中等强度训练	3344*	4444	4455	4443
高强度练习	2223	3234	4445	4555
无氧训练				
**速度耐力训练	1111	1111	2334	4555
速度训练	1111	1111	2344	4555

注：1=不重要（不需要训练）　　　　4=很重要（应该安排训练）
　　2=一般重要（可以安排训练）　　5=非常重要（必须安排训练）
　　3=重要（最好安排训练）
　　*参见本书体能训练
　　**参见本书体能训练

表7-3说明了不同训练课目在体能保持期和体能重建期的重要性。数字越大（1~5），说明该项训练的重要性越强。

赛季中

在赛季中体能训练的主要目的是保持，甚至提高在体能重建期业已获得的体能水平。

7. 训练计划

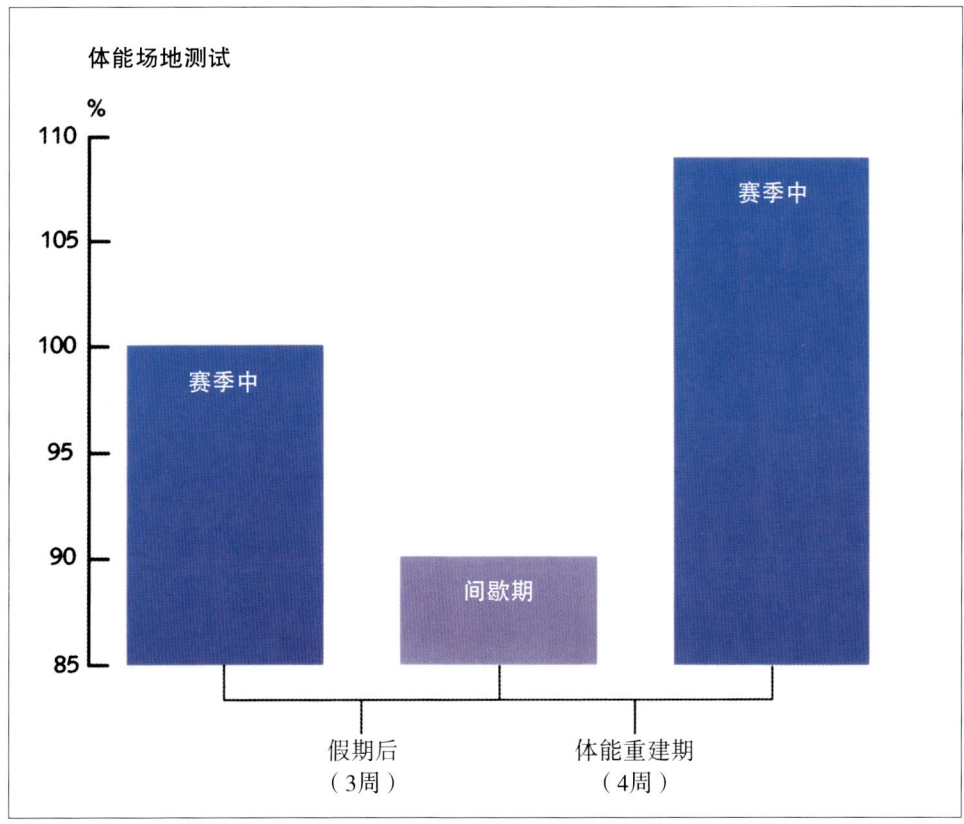

图7-10

图中显示赛季中、假期后3周及体能重建期4周后（赛季第二阶段开始前）运动员体能测试结果对比。其中数据以赛季中测试数据百分比计（设赛季中测试结果为100%）。

与赛季中的体能测试结果相比，体能重建期后的测试结果更好。这说明了在赛季中，队员进行高强度活动的能力较低。更多的测试结果参见图7-13。

研究表明，比赛水平与比赛中运动员高速跑距离相关。因此，运动员需要具备反复进行高强度活动的能力。通过有氧高强度训练和无氧训练，可以保持和提高运动员的这方面能力。但是在赛季中，教练员一般对这方面的训练缺乏足够的重视。在一项对丹麦顶级运动员的研究中，研究者对为期7周的季中间歇（包括3周休假和4周体能重建）运动员体能情况进行了分析。在体能重建期后，与间歇期前相比，运动员的体能测试成绩更好（图7-10）。很明显，赛季第一阶段的训练强度不够是出现这种情况的原因。在另一项对丹麦顶级运动员的研究中，研究者调查了数场比赛中运动员的心率反应，以及教练员所认为的以身体训练为主的高强度训练课中的运动员心率反应。在比赛中，运动员的心率平均值高于170次/分的时间大约占比赛时间的25%，然而这只相当于训练期的4%（图7-11）。因此，运动员的训练强度显著性地低于比赛强度。

除进行比赛外，在赛季中安排长时间的有氧中等强度训练课有助于保持运动员的耐力水平（每周1~2次）。在安排训练时，练习强度应该足够的高，训练课中断的时间和频率要少。

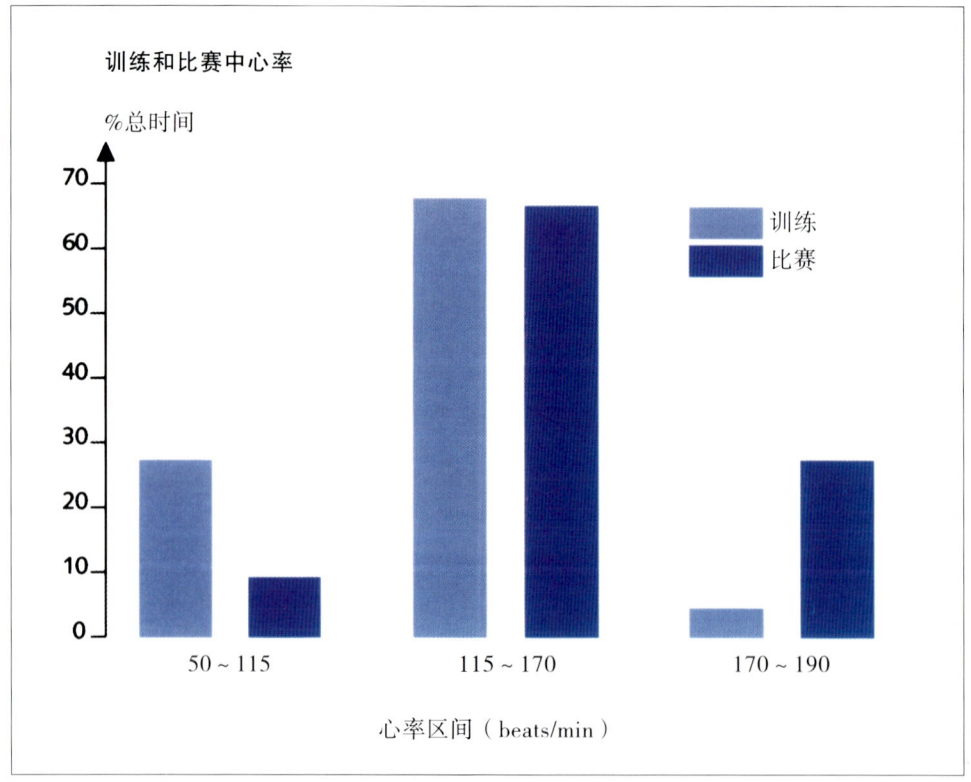

图7-11

图中显示丹麦顶级运动员体能训练课与比赛中的心率反应。图中数据为训练时间和比赛中不同心率区间占总活动时间的百分比。其中3个心率区间分别为50~115（图左）、115~170（图中）和170~190（图右）次/分。很明显，运动员的比赛心率明显高于训练心率，这说明，练习强度远远低于比赛强度。

表7-4 赛季中周训练计划

天/时间	0~15	15~30	30~45	45~60	60~75	75~90	分钟
星期一	热身	3	3	3	恢复性活动		
星期二	热身	3	5	3	4	3	恢复性活动
星期四	热身	5	2	4	4	3	恢复性活动
星期六	热身	2	3	2	恢复性活动		
星期日	热身	比赛					

注：2=低强度

3=中等强度

4=高强度

5=超高强度

详细计划

表7-4为典型的赛季中周训练频率与强度示例。强度由数字代表（1~5），数字越大，代表强度越高。

本表为非职业球队每周4次训练课的训练计划。如果某支球队每周仅训练2次，可以采用周二和周四的训练安排模式。就非职业队而言，他们的绝对训练强度低于高水平球队，但是基本的安排应该按照上述模式进行。

对于全职或半职业俱乐部而言，周三可以额外安排一次训练。也可以在某一天安排两次训练，如周二或周四。重要的是，高水平球员在两次训练课之间需要更充足的休息，更合理的饮食（参见《足球运动营养学》一书）。并且要安排对身体要求稍低的训练课，如专门练习任意球和角球的训练课。

表7-5 赛季中的训练要点

	第一阶段			第二阶段			
有氧训练							
中等强度训练	4343*	4343	433	343	4343	4343	4343
高强度训练	5555	5555	555	555	5555	5555	5444
无氧训练							
**速度耐力训练	3453	4534	543	453	4534	5345	3454
速度训练	5555	5555	5555	555	5555	5555	5555

注：1=不重要（不需要训练）

2=一般重要（可以安排训练）

3=重要（最好安排训练）

4=很重要（应该安排训练）

5=非常重要（必须安排训练）

*参见本书体能训练

**参见本书体能训练

小结——赛季中训练

在赛季中的体能训练组织中，有氧高强度训练是训练的重点。同时速度训练——对于顶级运动员来说，包括速度耐力训练——也应该经常安排。通过频繁的长时短间歇训练课，可以保持有氧能力。表7-5说明了赛季中不同训练课的安排原则。表中的数字越大（1~5），则该项训练的重要性越强。

间歇期

在一些国家，联赛被分成两部分进行，在赛季中会安排一段时间的间歇期。间歇期的时间在4~18周不等。与准备期一样，间歇期也可以分成两个阶段：体能保持阶段和体能重建阶段。

有研究者以丹麦顶级俱乐部球队为对象进行研究，目的是了解如何组织这一阶段的训练,以及这一阶段运动员应该进行什么样的训练。在间歇期前、中、后和间歇期7周,研究者分析并对运动员进行了测试。在赛季间歇的前3周,运动员没有进行训练,从第4周开始,他们进行了旨在提高体能的训练(参见图7-12)。

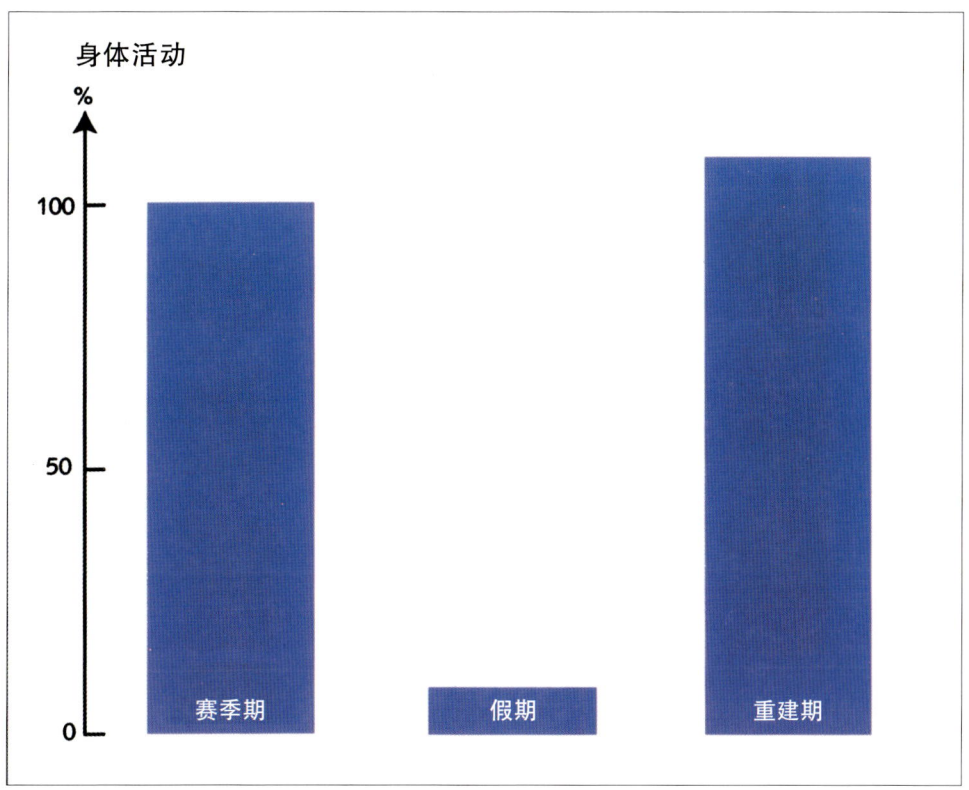

图7-12

图中显示丹麦顶级足球运动员间歇期前、中、假期3周后活动量对比。图中数据以假期前的练习水平为100%计。由图可知,运动员在间歇期开始阶段的身体活动的水平显著下降,而在间歇期体能重建期,身体活动水平稍高于休假期。

本研究的结果分别呈现在图7-10和图7-13中。正如所预料的那样,3周的假期后,运动员的体能表现显著下降。但是,在4周的体能重建期后,运动员高强度测试中的表现明显提高,但运动员的体能仍很难达到间歇期前的水平(参见图7-13)。

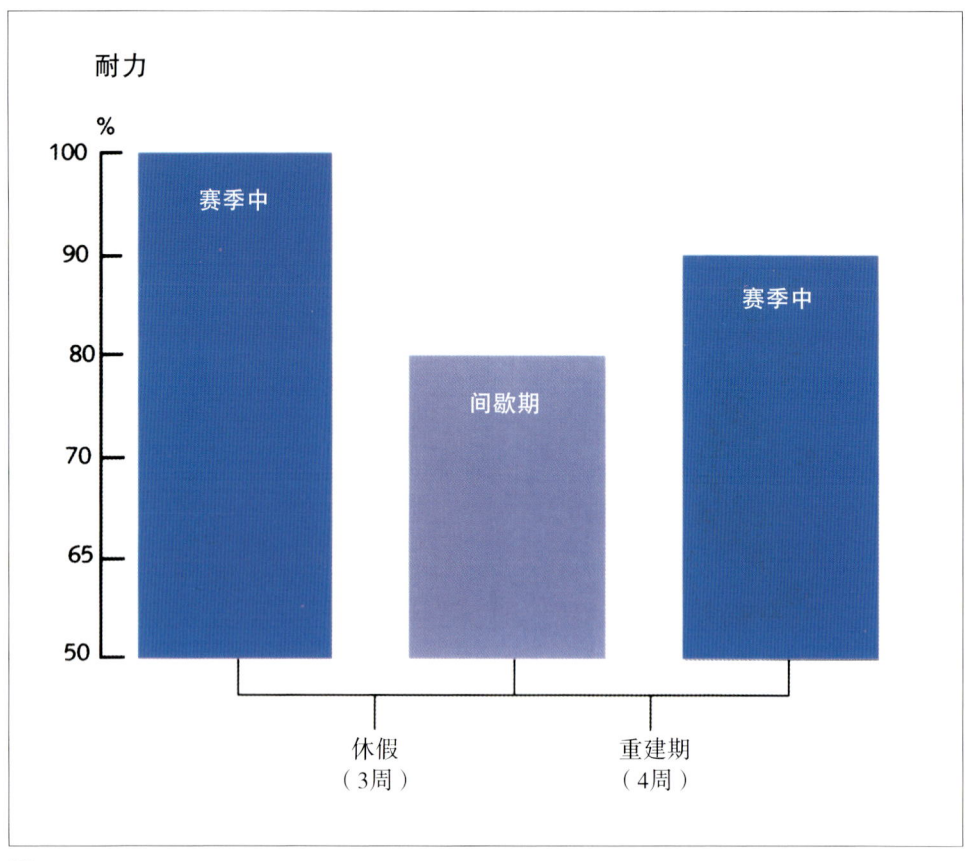

图7-13

图中显示丹麦顶级运动员第一阶段末期、放假3周后,以及4周体能重建期(第二阶段联赛开始前)的体能水平对比(参见图7-12)。图中数据以第一阶段末为100%计。

由于放假,运动员的耐力水平出现明显下降,而经过4周体能重建期的训练,不足以使运动员的体能达到第一阶段末期的耐力水平。

研究表明,3周低水平的体能活动后,再进行训练,很难使运动员在第二阶段初重新获得第一阶段末期的体能水平。因此,在间歇期的体能保持阶段,运动员仍应当进行一定量的有氧中强度训练。从心理学角度考虑,这一阶段的训练应该以运动员自己训练为主。

这种训练有助于前后两个阶段的转换，同时也起到减少运动员损伤的作用。此外，运动员如果进行体能保持训练，将使教练员在第二阶段开始后，有更多的时间进行除体能外的其他足球专项训练。与准备期的训练一样，在间歇期的体能重建期，体能训练的强度和量应逐渐增加。

详细计划

表7-6为间歇期的体能保持阶段体能训练频率与练习强度示例（每次课的训练时间约为60分钟）。

练习强度以数字表示（1~5），数字越大，说明训练强度越大。

表7-6 体能保持阶段周训练计划

天/时间	0~15	15~30	30~45	45~60	分钟
星期一	热身	4	3	3	恢复性活动
星期三	热身	3	4	3	恢复性活动
星期五	热身	3	4	3	恢复性活动

表7-7为间歇期的体能重建阶段周训练频率与练习强度示例（每次课的训练时间约为90分钟）。

表7-7 体能重建阶段周训练计划

天/时间	0~15	15~30	30~45	45~60	60~75	75~90	分钟
星期一	热身	3	3	4	3	3	恢复性活动
星期二	热身	3	5	5	4	3	恢复性活动
星期四	热身	3	5	2	4	3	恢复性活动
星期六	热身			比赛			

注：2=低强度

3＝中等强度

4＝高强度

5＝最高强度

表7-8　间歇期训练要点

	体能保持期	体能重建期
有氧训练		
中等强度训练	444*	4433
高强度训练	333	4555
无氧训练		
**速度耐力训练	111	3544
速度训练	223	4555

注：1=不重要（不需要训练）

2=一般重要（可以安排训练）

3=重要（最好安排训练）

4=很重要（应该安排训练）

5=非常重要（必须安排训练）

*参见本书

**参见本书

小结——间歇期

　　间歇期可以分为体能保持期和体能重建期两个阶段。在体能保持期，运动员进行一定量的身体锻炼是非常重要的，只有这样，才能保持两个阶段之间的逐步过渡。在赛季第二阶段开始之前，高强度训练应该是训练的重点。表7-8为7周赛季间歇期体能训练安排基本模式。表中的数字越高（1~5），说明该训练的重要性越强。

减量训练期

在联赛期间,经常会出现一周双赛或更多(一周多赛)。此外,球队会经常同时参加几项赛事,如除了联赛之外,还要参加杯赛;作为那些顶级球队,还可能参加国际比赛。为了达到最佳竞技状态,有些球员在训练时可能需要减量,以避免过度训练。本文旨在探讨教练员在不降低运动能力的前提下,如何实施减量训练。

鉴于此,以下是研究者针对这一问题所进行的实验研究。

在赛季期间球员可以从轻松愉快的训练课中受益。

本研究在实施过程中，首先让研究对象进行了为期10周，每周6次，每次45分钟的训练；然后，再进行为期15周的减量训练。通过一系列不同方式的减量训练，研究减量对运动能力的影响。在第一项减量训练的研究中，第一组每周训练减至4次，另一组每周训练减至2次。通过观察15周内各组减量训练的过程，并进行短时性运动能力测试。研究结果表明，各组间的竞技能力较减量之前无显著性变化（参见图7-14A）。

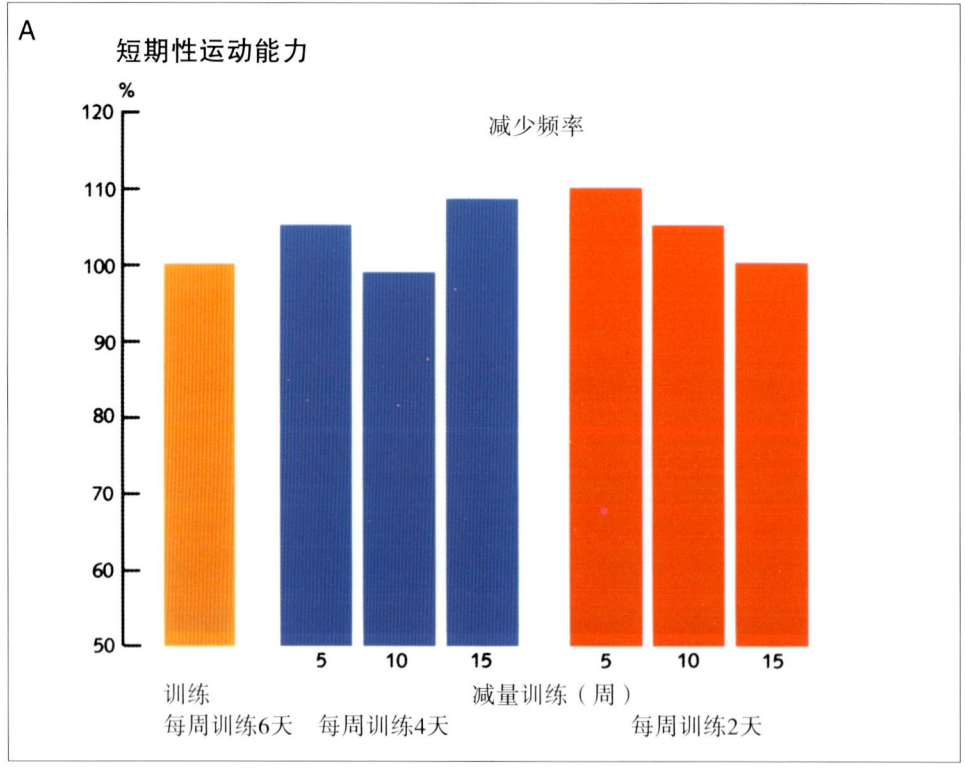

图7-14

图中显示短时性运动能力指球员进行高强度运动试验时，达到力竭时所需时间（6分钟之内）。此外，图中还可见15周减量训练期各时段内对比前10周训练后的相对值。图A可见，一组训练次数由每周6次减为4次（图左），另一组则由6次减为2次（图右）。数理分析表明：尽管减少了训练次数（频率），但两组仍能够保持原有运动能力。图B可见，一组训练时间由每次40分钟训练课减为26分钟，另一组则由40分钟减为13分钟。数理分析表明：尽管减少了训练时间，但两组运动能力较之前并未见下降。图C可见，一组训练强度减至原强度的2/3（图左），另一组则减至原强度的1/3（图右）。数理分析表明：减少训练强度导致两组运动能力较之前有所下降。

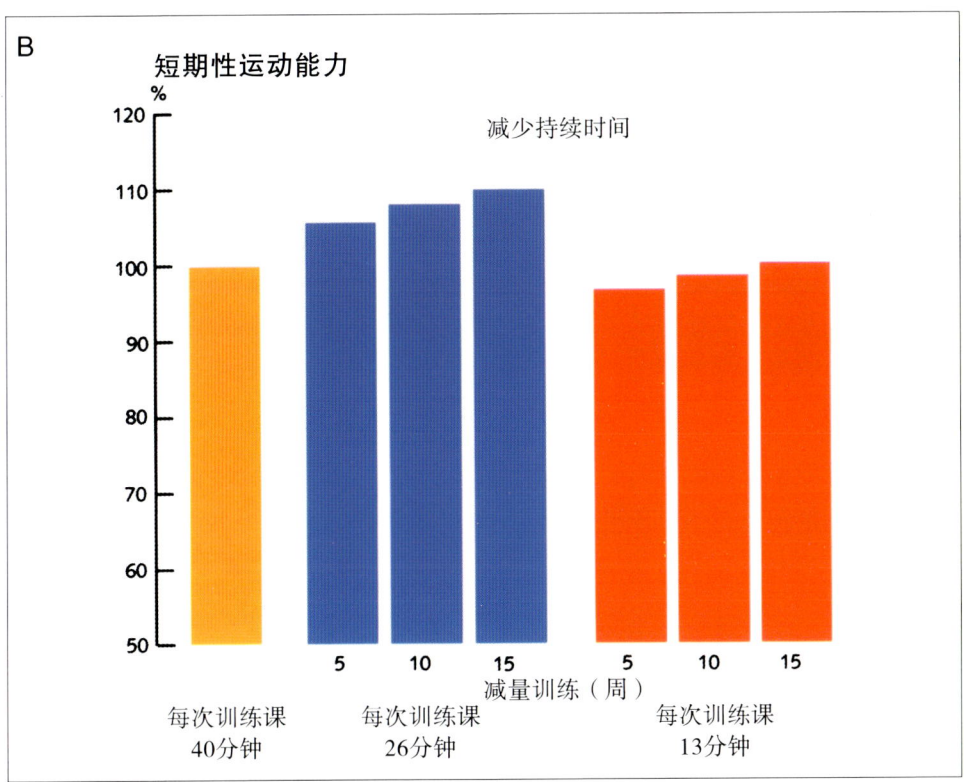
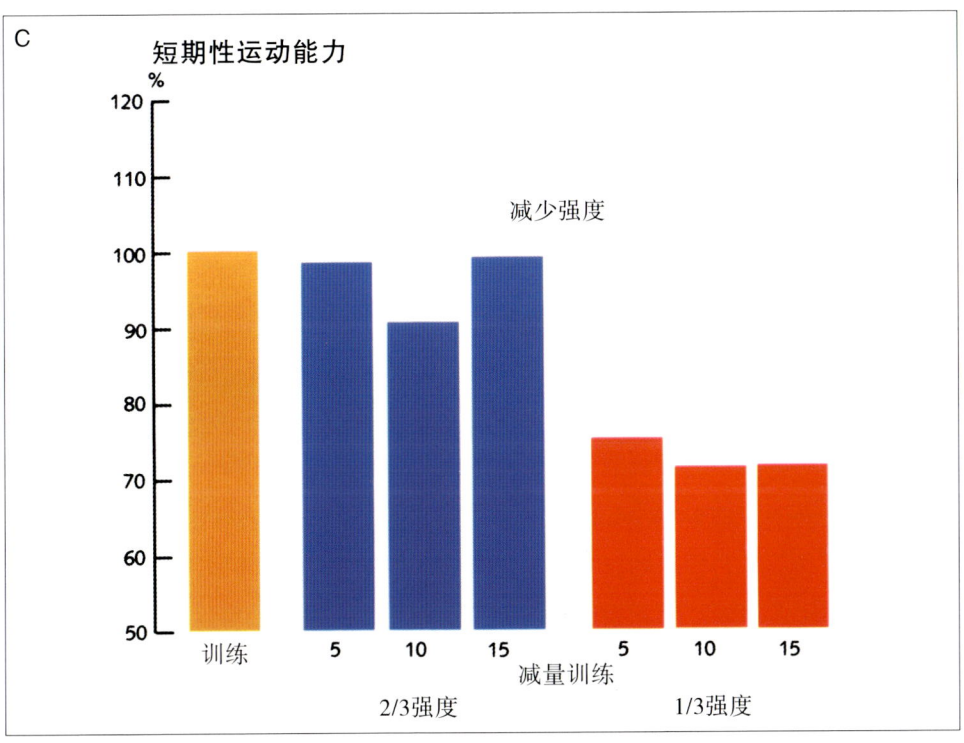

在第二项研究中，每周训练次数不变，但改变每次训练课的时间，两组分别从45分钟减少到26分钟和13分钟。观察15周内各组减量训练的过程，并进行测试。研究结果表明，各组的竞技能力均未发生变化（参见图7-14B）。

在第三项研究中，经过10周的训练后，保持训练时间和次数不变，但改变训练强度，两组训练强度分别减少至原强度的2/3和1/3。1/3强度组减量训练5周后，短时性运动能力已出现明显下降（参见图7-14C）；而2/3强度组在10周停训后，最大摄氧量才减少。此两个减量训练组在停训15周后，耐力测试表明：运动能力均明显下降。

上述实验表明，在一段时间内改变训练频率和训练课时间对运动能力不会产生显著性影响，但减少训练强度则对运动能力有着重要的影响。因此，在减量训练中保持高强度是非常重要的，即保持高强度有氧训练和速度耐力训练。总之，进行短时高强度的训练有利于保持良好的运动竞技状态。例如，赛前2天安排一次20分钟有氧高强度的训练，即是一种合理的安排。

赛会制比赛的准备

很多球队在赛季之前或之后都会参加一个赛会制的比赛。备战和参加这种赛会制的训练安排应予以认真考虑。为提供一些一般性的建议，本文以世界杯为例，因为它是一个有着悠久历史的赛事，并且球队通常有一个较长的准备期。

对于参加世界杯的球员而言，不仅从小组赛到决赛要表现出最佳的运动能力，而且整个赛事长达6周之久。因此，无论准备期，还是比赛期的训练安排都需认真规划。

在此，一个关键的问题是何时开始集中并备战世界杯。对这一问题，没有统一的答案。这缘于诸多因素，其中心理方面可能是最重要的。通常来说，世界杯参赛队伍于赛前5~6周开始集中备战。然而，有一个著名的反例是1992年欧洲杯冠军丹麦队的备战期仅10天。因此，教练员可借鉴并思考，如何更加优化地组织备战世界杯？实际上，当时丹麦队的备战绝对不是最佳的，因为有些球员在比赛开始时体能储备并不充分；但是，从另一方面来说，这种情况反而有利于丹麦队，因为球员没有出现精神疲劳。但准备期较长的球队之中，队员往往会出现精神疲劳。成功之路不只一种，每位教练员在制定球队战略时应考虑诸多因素，如战术提高的需要、优化体能、球队传统及心理因素。

然而，赛会制备战期及赛期间的训练还应考虑一些一般性因素。备战期可再分为保持期和重建期两个阶段，其中重建期历时5周。表7-9示例了一个保持期为2周，重建期为5周的备战期计划，同时建议了不同类型体能训练的优先选择。

表7-9 赛会制比赛的准备

	保持期		重建期				
周*	7	6	5	4	3	2	1
有氧训练							
中等强度训练	5	5	3	3	3	3	2
高强度训练	2	2	3	4	5	4	2
无氧训练							
速度耐力训练	2	2	3	4	5	4	2
速度训练	2	3	4	5	5	4	4

注：1=最不重要（不需要训练）

2=不重要（可安排训练）

3=重要（最好安排训练）

4=很重要（应该安排训练）

5=非常重要（必须安排训练）

*赛前倒计时

保持期

保持期指自赛季结束后，至下次重新开始集训的这段时间。保持期的期限不仅各国迥异，而且同队球员之间也各有差异。目前，在大多数国家中，有很多本土球员效力于在他国俱乐部。因此，球员赛季结束的时间各不相同。那些较早结束赛季的球员具有优势，一方面拥有更长的时间进行赛季之后的身心放松；另一方面，他们体能明显下降的风险性更大。因此，在保持期内，这类球员最好先集中在一起进行体能训练。那些赛季结束较晚的球员在开始备战世界杯的高强度训练之前，也需要有心理疲劳消除的时间安排；在体能未出现明显下降的前提下，给予他们一段时间的休息和调整。

众所周知，一段时间的减量训练后，最大摄氧量不会发生显著性改变，但肌肉内有氧酶水平出现明显的、快速的下降，而这些酶的活性与有氧能力的降低密切相关（参见图7-13）。此外，重建肌肉耐力能力需要一个相对较长的时间。因此，在保持期内，重要的是维持肌肉内有氧酶活性，以在世界杯开赛时达到最佳的体能状态。这些能力的最佳训练方式可通过中等强度的有氧训练来完成。对于高水平球员而言，大多数情况下进行每周3~4次、每次45~60分钟的训练就足够了。

建议：在保持期内，只需安排最小程度的肌肉力量和肌肉耐力训练。

重建期

在重建期内，应强化高强度的有氧训练和无氧训练（参见表7-9）。前3周的训练强度要逐渐递增，同时第一周尽可能少地安排无氧训练。世界杯前最后一周的训练安排应减量，以高强度有氧训练和速度训练为主。

同时，重建期的这种体能训练给予球队技战术训练留有足够的空间。由于国家队长期集训的机会很少，那么世界杯之前的备战期也就是仅有的进行技战术训练的机会，如定位球、进攻战术等。

在重建期内进行数场高水平的比赛是有益的，因为很多球员可能已4周或更长时间未参加正式比赛。比赛应尽可能地安排在重建期的第二周之后和第四周之间进行，即世界杯前的3周和1周半内。这些比赛除提高球员体能的重要性外，还有利于演练球队技战术水平及再建。

在重建期，教练员需要特别关注那些参赛较少的球员。通常情况下，这些球员在之前的训练中训练负荷不够高。从丹麦队在联赛之后备战欧洲杯复赛的一项研究资料中可见，只有那些经常参赛的球员在准备期后其最大摄氧量和运动能力有显著性提高（图7-15）。因此，在备战期内进行数场比赛是非常有价值的，特别是对于球队中参赛较少的球员更是如此。

7. 训练计划

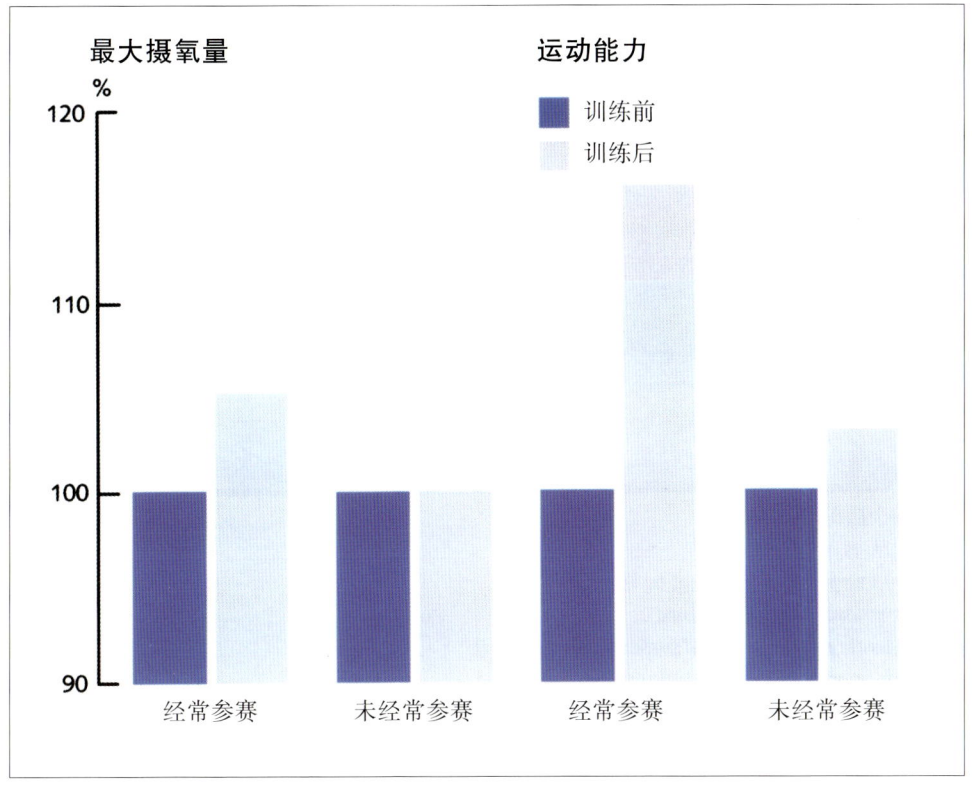

图7-15

图中显示经常参赛和未经常参赛球员在训练前（■），以及历时7周的欧洲杯复赛准备期后（▨），最大摄氧量及高强度运动能力之对比。请注意，只有那些经常参赛运动员的能力得到了提高。

赛会期

人们往往普遍认为，一旦赛季开始就不必再进行体能训练了。然而，这是不正确的。一般来说，主力球员在赛后次日应进行有氧低强度训练。赛后第二天，可安排20~30分钟的有氧高强度训练，有时也可安排速度训练。赛后第三天（如果是第二场比赛之前），那么只需安排有氧低强度训练，同时建议训练时间不宜超过60分钟。上述所言均为一般性指导原则，但同时还应考虑球员的个体需求，如球员出现过度训练，那么就需要调整并减量。

表7-10 全年各时段体能训练

	准备期	赛季中	间歇期	赛季
有氧训练				
中等强度	3344 4444 4455 4433	4343 4343 433	4 4444 33 43	4343 4343 4343
高强度	2223 3234 4445 4555	5555 5555 555	3 3345 55 55	5555 5555 5444
无氧训练				
速度耐力*	1111 1111 2334 4555	3453 4534 543	1 1135 44 53	4534 5345 3453
速度训练	1111 1111 2344 4555	5555 5555 555	2 2345 55 55	5555 5555 5544

注：1=最不重要（不需要训练）

2=不重要（可以安排训练）

3=重要（最好安排训练）

4=很重要（应该安排训练）

5=非常重要（必须安排训练）

*参见本书

对于未参赛或替补上场的球员，赛后次日的训练强度应要求更高一些，训练内容主要包括有氧高强度训练和短时性无氧速度耐力训练。重要的是要认识到，必须让这些替补球员保持一个高水平的体能状态，因为他们可能会在世界杯赛的最后阶段比赛中成为关键性球员，由于队内部分球员在前几场比赛后出现伤病及被停赛的情况。

就备战期而言，赛季期内的肌肉力量和肌肉耐力训练应只在最小范围内实施。

总结

表7-10就全年各时段不同类型的体能训练的优先性给予了评估。数字越高（1~5），表明训练内容及方式越重要。此计划基于8个月的赛季及7周的间歇期（从实际情况出发，假定每月为期4周）。

训练计划的制定取决于赛事水平。对每周训练2~3次的业余球员而言，其体能训练的重点在于中、高强度的有氧训练及无氧速度训练。经常参加训练的球员还应强化无氧速度耐力训练。对于优秀球员，体能训练还注重专项肌肉训练，特别是肌肉力量训练。

训练时，还应考虑到每位球员的个体化需求。更多地关注那些训练、比赛较少的球员，让他们完成比其他人更多的体能训练。

在赛事密集期或身心负荷过度期，训练量可有所减少。然而，对于高水平球员来说，重要的是经常进行有氧高强度训练和无氧速度耐力训练。

在备战赛会制的保持期，球员以有氧中等强度训练为宜；在随后的重建期，以有氧高强度训练和无氧训练为主；在赛季期，体能训练应有所减少，同时建议安排高频率的有氧高强度训练。

专有名词中英文对照

Adjustment circle 调整圆环
Aerobic energy production 有氧能量生成
　　during a match 比赛期间
Aerobic training 有氧训练
　　aims 目标
　　drills 练习方法
　　effect 效果
　　high-intensity training 高强度训练
　　low-intensity training 低强度训练
　　moderate-intensity training 中强度训练
　　types 类型
Anaerobic energy production 无氧能量生成
　　during a match 比赛期间
Anaerobic training 无氧训练
　　aims 目标
　　drills 练习方法
　　effect 效果
　　speed endurance training 速度耐力训练
　　speed training 速度训练
　　types 类型
Carbohydrates 碳水化合物
Carbon dioxide 二氧化物
Coordination training 协调训练
Energy production 能量生成
　　aerobic 有氧
　　anaerobic 无氧
Energy stores 能量储备
Exercise intensity 训练强度

Fat 脂肪
Female players 女运动员
Fitness training 体能训练
    types 类型
Flexibility training 柔韧训练
Glycogen 糖原
Heart rate 心率
    age 年龄
    deter mination 测定
    during a match 比赛期间
    during training 训练期间
    effect of training 训练效果
    maximum 最大
Individual training 个别训练
Intermittent training principles 间歇训练原则
    aerobic training 有氧训练
    anaerobic training 无氧训练
Jogging 慢跑
Lactate 乳酸
    during a match 比赛期间
    during training 训练期间
Maintenance period 保持期
Match activities 比赛活动
Mid-season break 间歇期
Muscle endurance training 肌肉耐力训练
Muscle strength training 肌肉力量训练
Obstacle course 障碍跑
Oxygen（O_2） 氧气
    transport 传输
Oxygen uptake 摄氧量
    maximal 最大
Phosphates 磷酸盐
Planning the season 制定赛季训练计划

Pre-season 准备期

Re-building period 重建期

Recovery activities 恢复训练

Reduced training 减量训练

Season 赛季

Speed endurance training 速度耐力训练

Speed test 速度测试

Speed training 速度训练

Station training 分站训练

Stretching 拉伸

Training camps 训练营

Training drills 训练方法

 aerobic 有氧

 anaerobic 无氧

 general 一般

Tournament 赛会

Warm-up 热身

 drills 方法

 performance 表现

 pre-match 比赛前

 pre-training 训练前

 temperature 温度

Young player 青少年运动员

 aerobic energy production 有氧能量生成

 anaerobic energy production 无氧能量生成

 Co-ordination 协调

 growth 生长发育

 Muscle mass 肌肉量

 Muscle strength 肌肉力量

Selection 选材

Skeleton 骨骼

Training 训练

参考文献与推荐阅读

图书类

Handbook of Sports Medicine and Science. Football (Soccer) (1994). Ed.: Ekblom B. Blackwell Scientific Publications, London/Boston.

Science and Football (1988). Eds.: Reilly T., Lees A., Davids K. & Murphy W.J. E. & F.N. Spon, London/New York.

Science and Football II (1993). Eds.: Reilly T., Clarys J. & Stibbe A. E. & F.N. Spon, London/New York.

Science and Football III (1996). Eds.: Reilly T., Bangsbo J. & Hughes M. E & F.N. Spon, London/New York.

The Physiology of Soccer - with Special Reference to Intense Intermittent Exercise. (1994). Bangsbo J. HO+Storm, Brudelysvej 26, Bagsvaerd, Denmark (Fax. +4544981766), pp. 1-155. Available in English, Italian, Spanish & French.

Fitness Training in Football a Scientific Approach (1994). Bangsbo, J. HO+Storm, Bagsværd, Denmark Denmark (Fax. +4544981766), pp. 1-325. Available in English, Spanish, Italian, Polish, Macedonia, Greek, Turkish, Swedish & Danish.

The Child and Adolescent Athlete (1996). Ed: Bar-Or, O. IOC Encyclopaedia volume. Blackwell Scientific Publications, London/Boston.

Soccer & Science (2000). Ed: Bangsbo, J. Munksgaard & Institute of Exercise and Sport Sciences, University of Copenhagen/Munksgaard, pp. 1-151.

Soccer Systems & Strategies (2000). Bangsbo J. & Peitersen, B. Human Kinetics. P.O.Box 5076, Champaign, IL 61825-5076, USA.

论文类

Bangsbo J. (1990). Usefulness of blood lactate measurements in soccer. Science and Football 3: 2-4.

Bangsbo J. (1992). Anaerobic energy yield in soccer - performance of young players. Science and Football 5: 24-28.

Bangsbo J. (1992). Time motion characteristics of competition soccer. Science and Football 6: 21-25.

Bangsbo J., Nørregaard L. & Thorsøe F. (1991). Activity profile of competition soccer. Canadian Journal of Sport Sciences 16: 110-116.

Bangsbo J. & Lindquist F. (1992). Comparison of various exercise tests with endurance performance during soccer in professional players. International Journal of Sports Medicine 13: 125-132.

Bangsbo J., Nørregaard L. & Thorsøe F. (1992). The effect of carbohydrate diet on intermittent exercise performance. International Journal of Sports Medicine 13: 152-157.

Bangsbo J., Petersen A. & Michalsik L. (1992). Accumulated O_2 deficit during intense exercise and muscle characteristics of elite athletes. International Journal of Sports Medicine 14: 207-213.

Bangsbo J. (1994). "Fitness training in soccer." In: "Football (Soccer)", ed. B. Ekblom, Blackwell/IOC, pp. 124-138.

Bangsbo J. (1994). Soccer specific endurance. Science and Football 8: 20-21, 1994.

Bangsbo J. (1995). "Physiology of training". In: "Science and Soccer" ed. T. Reilly. London, New York, E. & F.N. Spon Publ., pp. 51-64.

Bangsbo J. (1995). Energy demands in soccer. Brucosport, Brugge, 13-14 October, 9-13.

Bangsbo J. (1996). Yo-Yo tests of practical endurance and recovery for soccer. Performance Conditioning Soccer, USA, 2: 8.

Bangsbo, J. (1998). Optimal preparation for the world cup in soccer. Clinics in Sports Medicine 14: 697-709.

Bangsbo, J. (1998). Medically fit: Yes, Match fit? In: Medicine Matters, UEFA Technical Department 1.

Bangsbo, J. (1999). Physiology of intermittent exercise. In: Exercise: Basic and Applied Science. Eds W. E. Garrett & D. Kirkendall, Williams Wilkins, USA, pp. 53-66.

Bangsbo, J. (1999). Team Sports. In: "Nutrition in Sports." IOC Encyclopaedia volume. Blackwell Science, pp 563-571.

Berg K.E., La Voie, J.C. & Latin, R.W. (1985). Physiological training effects of playing youth soccer. Medicine and Science in Sports and Exercise 17: 656-660.

Boobis L.H. (1987). Metabolic aspects of fatigue during sprinting. In: Macleod D., Maughan R., Nimmo M., Reilly T. & Williams T.C. (eds). Exercise; Benefits, Limits and Adaptations, E. & F.N. Spon, London/New York pp. 116-143.

Ekstrand J. (1982). Soccer injuries and their prevention (thesis). Linkoping University Medical Dissertation 130, Linkoping, Sweden.

Hansen, L., Bangsbo, J., Twisk, J. & Klausen, K. (1999). Development of muscle strength in relation to training level and testosterone in young male soccer players. J. Appl. Physiol. 3:1141-1147.

Hansen, L, Klausen, K. Bangsbo, J. & Müller, J. (1999). Short longitudinal study of boys playing soccer: Parenthal height, birth weight and length, anthropometry, and pubertal maturation in elite and non-elite players. Pediatric Exercise Science 11:199-207.

Hickson R.C., Foster C., Polloack M.L., Galassi T.M. & Rich S. (1985) Reduced training intensities and loss of aerobic power, endurance, and cardiac growth. Journal of Applied Physiology 58: 492-499.

Reilly T. (1990). Football. In: Reilly, T., Secher N., Snell P. & Williams C. (eds). Physiology of Sports, E.& F.N. Spon, London/New York, pp. 465-487.

Reilly T. & Bangsbo J. (1998). Anaerobic and aerobic training. In: "Applied Sport Science: Training in Sport". Ed. B. Elliott, Australia, pp. 351-409.

www.soccerfitness.com

● 亚足联教练员培训指定教材

足球体能训练丛书

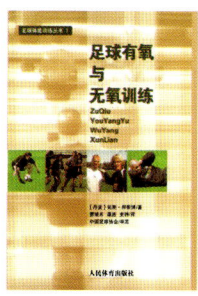

足球有氧与无氧训练
Aerobic and Anaerobic Training in Soccer
延斯·邦斯博著
Jens Bangsbo
C、B、A及职业级教练员培训教材

足球体能测试
Fitness Testing in Football
延斯·邦斯博
Jens Bangsbo
麦格尼·莫尔著
Magni Mohr
B、A及职业级教练员培训教材

足球运动与训练生理学
Exercise and Training Physiology
延斯·邦斯博著
Jens Bangsbo
A及职业级教练员培训教材

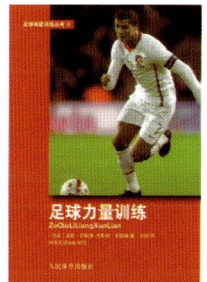

足球力量训练
Power Training in Football
延斯·邦斯博
Jens Bangsbo
杰斯帕·L. 安德森著
Jesper L. Andersen
A及职业级教练员培训教材

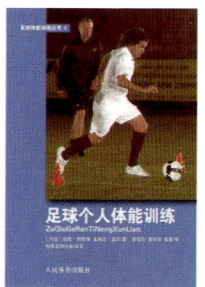

足球个人体能训练
Individual Training in Football
延斯·邦斯博
Jens Bangsbo
麦格尼·莫尔著
Magni Mohr
A及职业级教练员培训教材

足球运动营养学
Nutrition in Football
延斯·邦斯博著
Jens Bangsbo
A及职业级教练员培训教材

版权声明

书名：Aerobic and Anaerobic Training in Soccer

Copyright© 2011 Jens Bangsbo

All rights reserved. Except for use in a review, the reproduction or utilization of this work in any form or by any electronic, mechanical, or other means, now known or hereafter invented, including xerography, photocopying, and recording, and in any information storage and retrieval system, is forbidden without the written permission of the publisher.

版权合同登记号：图字01-2018-5496